W0293813

UEBERREUTER

TALK ABOUT

ELISABETH SCHÖBERL WURDE 1971 IN DER STEIERMARK GEBOREN, MACHTE EINE AUSBILDUNG ZUR ÜBERSETZERIN IN DEN SPRACHEN FRANZÖSISCH UND SPANISCH UND STUDIERTE PUBLIZISTIK UND KOMMUNIKATIONSWISSENSCHAFTEN. SIE WAR MEHRERE JAHRE IM VERLAGSWESEN TÄTIG UND LEBT NUN ALS FREISCHAFFENDE ÜBERSETZERIN, LEKTORIN UND AUTORIN IN WIEN.

MEINE ELTERN TRENNEN SICH

Der Ratgeber
für Jugendliche

ELISABETH SCHÖBERL

UEBERREUTER

Um Missverständnissen vorzubeugen weist der Verlag darauf hin, dass sich die männliche Form von Begriffen (wie »Partner« oder »Elternteil«) auch immer auf die weibliche bezieht, selbst wenn es nicht explizit betont wird.

Autorin und Verlag danken der Kinder- und Jugendanwältin Monika Pinterits für die fachliche Beratung.

ISBN 3-8000-1597-8
Alle Urheberrechte, insbesondere das Recht der Vervielfältigung, Verbreitung und öffentlichen Wiedergabe in jeder Form, einschließlich einer Verwertung in elektronischen Medien, der reprografischen Vervielfältigung, einer digitalen Verbreitung und der Aufnahme in Datenbanken, ausdrücklich vorbehalten.
Coverfoto: The Image Bank / Brown W Cannon III
Copyright © 2004 by Verlag Carl Ueberreuter, Wien
Druck: Druckerei Theiss GmbH, A-9431 St. Stefan i. L.
7 6 5 4 3 2 1

Ueberreuter im Internet: www.ueberreuter.at

INHALT

EINLEITUNG

Einer deiner schlimmsten Albträume ist plötzlich wahr geworden: Deine Eltern sind dabei, sich zu trennen, oder haben sich gerade getrennt und du stehst daneben, fühlst dich ohnmächtig, wütend und traurig zugleich. Egal wie alt du bist und wie deutlich die Anzeichen für die Entzweiung von Mutter und Vater schon vorher waren – ein solches Ereignis bedeutet einen tiefen Einschnitt ins eigene Leben und lässt niemanden kalt.

An die 200 000 Kinder unter achtzehn Jahren sind im deutschsprachigen Raum jährlich von Scheidung betroffen. Das ist eine Tatsache, vor der niemand die Augen verschließen kann. Diese Zahl soll dir aber auch bewusst machen, dass du nicht allein bist. Scheidung ist nicht schön, aber sie ist auch nichts Unanständiges, das man verheimlichen muss. Beziehungen können scheitern. Manchmal ist ein glatter Bruch besser als ein ständig schwelender, unbewältigter Konflikt.

Die Trennung deiner Eltern ist für dich mit großem Schmerz verbunden, einem Schmerz, vor dem dich niemand schützen kann, auch du selbst nicht. Es wird einige Zeit brauchen, bis er nachlässt, aber du kannst und wirst allmählich darüber hinwegkommen. Denn auch wenn du im Augenblick denkst, nun sei alles aus – dein Leben hört deswegen nicht auf. Es wird anders sein als vorher, keine Frage, und vieles wird anfangs sehr schwierig für dich sein, aber jede Veränderung bringt neue Chancen mit sich, Situationen, an denen du wachsen kannst.

Ob es dir gefällt oder nicht: Trennungen gehören zum

Leben dazu. Genau genommen geht es für jeden Menschen damit schon bei der Geburt los, wenn er die Geborgenheit des Mutterleibs verlassen muss. Auch du hast nach und nach gelernt, dass du eine körperliche und geistige Einheit unabhängig von den Eltern darstellst, selbst wenn du noch ihre Unterstützung brauchst. Freundschaften bleiben ebenfalls nicht immer bestehen oder verändern sich und deine erste große Liebe wird nicht unbedingt gleich die letzte sein.

Wenn sich deine Eltern trennen, ist das für dich auch deswegen sehr schwer zu verkraften, weil du keinen wirklichen Einfluss auf diese Entscheidung hast. Du musst sie wohl oder übel hinnehmen. Aber was du zumindest versuchen kannst, ist, deine Beziehung zu jedem Einzelnen von ihnen neu aufzubauen – sofern du und sie das wollen. Es hängt dabei von jedem der Beteiligten ab, was er daraus macht.

Dieses Buch kann dir dabei helfen, Fragen, die dich wahrscheinlich während dieser aufreibenden Zeit beschäftigen, zu beantworten und Möglichkeiten aufzuzeigen, wie du der neuen Situation aktiv begegnen und mit ihr umgehen kannst. Die Erfahrungen, die du jetzt machst, können dir später unter Umständen einmal eine Hilfe sein. Schwierige Zeiten sind niemals verlorene Zeiten. Auch wenn dir dieser Satz reichlich abgedroschen erscheinen mag, so er ist doch nach wie vor gültig. Vielleicht ist er dir ein kleiner Trost.

WARUM TUN SIE MIR DAS AN?

Wenn die Eltern sich trennen

Man weiß nie, was daraus wird, wenn die Dinge verändert werden. Aber weiß man denn, was daraus wird, wenn sie nicht verändert werden?

Elias Canetti

Die Bombe ist geplatzt, das, was du nie für möglich gehalten hättest, ist eingetreten: Deine Eltern wollen sich trennen – und du kannst nichts dagegen tun.

Egal wie stark du dich sonst fühlst, ein solcher Moment ist für niemanden leicht zu verkraften. Möglicherweise trifft dich diese Nachricht völlig unerwartet, weil deine Mutter und dein Vater ihre Konflikte nie in deiner Gegenwart ausgetragen haben, um dich zu schonen. Es kann aber auch sein, dass du es schon befürchtet, doch gleichzeitig gehofft hast, dass sich alles trotzdem noch regeln lassen wird. Du hast oft mitbekommen, wie sich die Eltern stritten, aber dann gab es auch Zeiten, in denen sie sich wieder gut vertrugen. Warum soll es nun auf einmal nicht mehr gehen?

Vielleicht teilen dir deine Eltern ihre Entscheidung gemeinsam mit, vielleicht ist aber auch einer der beiden von einem Tag auf den anderen ausgezogen und du erfährst auf diese Weise davon. Wie auch immer, das Ergebnis bleibt dasselbe und ein Schock ist es allemal.

Du fühlst dich, als ob ein Riss durch dich hindurchginge. Deine Emotionen schwanken zwischen Wut,

Angst und Trauer. Schließlich liebst du deine Eltern, auch wenn sie dich manchmal nerven, und du verstehst nicht, warum sie alles kaputtmachen und wie sie dir das antun können. Du kannst noch gar nicht die Folgen der neuen Situation für dich absehen und sehnst dich nach Zeiten zurück, in denen alles noch in Ordnung war.

Dein gesamtes Weltbild gerät ins Wanken, tausend Fragen kommen dir in den Sinn: Warum lieben Mama und Papa sich nicht mehr, ist es endgültig oder schaffe ich es vielleicht, sie doch noch wieder zusammenzubekommen? Ist nun meine ganze Kindheit eine Lüge? Kann ich überhaupt noch irgendjemandem trauen?

Möglicherweise befindest du dich aber auch schon seit längerer Zeit zwischen den Fronten und bist sogar über die Trennung erleichtert, weil die Streitereien nun endlich ein Ende nehmen können. Musst du deshalb Schuldgefühle haben?

Mögliche Antworten auf all diese und andere Fragen, die dich gerade beschäftigen könnten, und einige Tipps, was du in dieser ersten Trennungszeit tun kannst und was du lieber lassen solltest, erhältst du auf den folgenden Seiten.

Eines ist auf jeden Fall klar: Das, was passiert ist, lässt sich leider nicht mehr rückgängig machen. Darum versuch das Beste aus der Situation zu machen und nach vorne zu sehen!

WARUM LIEBEN SICH MEINE ELTERN NICHT MEHR?

Klarerweise beschäftigt dich in deiner Situation zu allererst die Frage, wie es überhaupt dazu gekommen ist, dass deine Mutter und dein Vater beschlossen haben sich zu trennen und, sofern sie verheiratet sind, später auch scheiden zu lassen (zu den Begriffen Trennung und Scheidung siehe S. 39). Denn das Auseinandergehen der Eltern stellt nie eine spontane Reaktion dar, es gibt immer eine Vorgeschichte dazu, die du wahrscheinlich nur teilweise kennst, wenn überhaupt.

Falls deine Mutter und dein Vater zu dem Schluss gekommen sind, nicht mehr miteinander leben zu können, muss das nicht unbedingt bedeuten, dass sie sich nicht mehr lieben. Sie haben in erster Linie festgestellt, dass ihre Persönlichkeiten, ihre Lebensziele und -auffassungen nicht mehr miteinander in Einklang zu bringen sind. Die Unterschiede zwischen ihnen sind zu gewaltig geworden und machen ihnen das gemeinsame Dasein zur Hölle.

Auch Erwachsene begehen Irrtümer – selbst wenn sie es meist nicht gerne zugeben. Sie verlieben sich in jemanden, sind oft noch sehr jung und unerfahren, wenn sie sich binden, und bemerken mitunter zu spät, dass es nicht die oder der Richtige für sie ist. Manchmal ist die Ursache von langjährigen Beziehungskonflikten aber auch ein unbewältigtes Problem, das einer der beiden Partner schon vor der ersten Begegnung mit sich herumtrug.

Eine Liebesbeziehung zwischen zwei Menschen stellt

einen sehr intimen und vielschichtigen Entwicklungsverlauf dar und ist von Fall zu Fall anders gelagert. Darum können die Gründe für eine Trennung ganz unterschiedlich aussehen. Einige der häufigsten sind folgende:

EINE ANDERE LIEBE

Jeder Mensch geht in eine Ehe oder feste Beziehung mit dem Vorsatz der Treue. Und in vielen Fällen hält dieser Vorsatz auch – unter Umständen gar nicht so sehr, weil die Partner tapfer jeder Versuchung widerstehen, sondern weil sie nie einem anderen Menschen begegnen, der ihnen so nahe steht.

Es ist nur zu verständlich, dass du alles andere als begeistert bist, falls deine Mutter oder dein Vater plötzlich für jemand anderen entflammt. Aber wenn du dich selbst schon einmal Hals über Kopf in jemanden verliebt hast, wirst du sicherlich nachvollziehen können, wie schwer es ist, sich gegen diese Gefühle zur Wehr zu setzen. Sie kommen einfach so, ohne Rücksicht auf den Verstand, ob sie nun erlaubt sind oder nicht.

Besonders wenn man Bedürfnisse an den Partner hat, die die- oder derjenige aus welchen Gründen auch immer nicht stillt, kann es passieren, dass man sich in jemanden verliebt, der eben diese Lücke füllt. Vielleicht hat sich beispielsweise deine Mutter damals, als sie deinen Vater kennen lernte, in ihn verknallt, weil er ein charmanter, weltgewandter Mann war, der zielstrebig seine Karriere verfolgte. Doch mit den Jahren merkte sie, dass sie sich vielmehr nach jemandem sehnt, der ihr Geborgenheit schenkt, der da ist, wenn sie ihn braucht, und mit dem sie viel reden kann. Und eines Tages begegnet ihr genau so ein Mann. Nun steht sie vor der Situation, zwischen zwei großen Übeln wählen zu müssen: entweder die Familie aufzulösen oder ihre Liebe zu opfern. Keine leichte Sache, oder?

LANGEWEILE

Mit Sicherheit kennst du Leute, die dich irgendwann einmal interessiert haben, weil sie etwas gesagt oder getan haben, was neu für dich war oder dich gerade beschäftigt hat. Aber darüber hinaus hattet ihr nichts gemeinsam und habt begonnen euch anzuöden.

So etwas kann jedem passieren, auch Erwachsenen. Zwei Menschen stellen plötzlich eines Tages fest, dass sie sich nichts mehr zu sagen haben und eine große Leere zwischen ihnen herrscht. Dass sie wahrscheinlich schon von Anfang an zu verschieden voneinander waren, wird ihnen erst jetzt schmerzlich bewusst. In vielen Fällen sehen sie als einzigen Ausweg einen Neuanfang getrennt voneinander.

AUSEINANDERENTWICKLUNG

Auch diese Erfahrung wird dir wahrscheinlich nicht fremd sein: Im Kindergarten oder in der Grundschule haben deine beste Freundin oder dein bester Freund und du ununterbrochen zusammengesteckt, dieselben Klamotten getragen, für dieselben Stars geschwärmt und dieselben Dinge blöd gefunden. Aber irgendwann hast du dich vielleicht mehr für Sport und sie oder er mehr für Computer zu interessieren begonnen und eure Freundschaft hat sich verändert.

Möglicherweise hat sich so etwas Ähnliches bei deinen Eltern ereignet. Manchmal können sich zwei Menschen so weit auseinander entwickeln, dass sie in ganz grundsätzlichen Fragen keinen gemeinsamen Nenner mehr finden und nur noch aneinander vorbeireden, bis sie zu einem Punkt kommen, wo einfach nichts mehr geht.

AGGRESSION UND SUCHTPROBLEME

Hier handelt es sich um einen der schwerwiegendsten Trennungsgründe. Nicht selten kommen in manchen Familien zu Problemen wie Alkoholismus und/oder fehlender Selbstbeherrschung eines oder beider Elternteile erschwerte äußere Umstände wie Überschuldung und Arbeitslosigkeit hinzu. Konflikte arten dann häufig in Akte der Lieblosigkeit und Gewalt aus. Aus Angst und Scham schweigen die Betroffenen – in der Regel die Frauen und die Kinder – lange Zeit darüber. Leider gelingt es nur in den wenigsten Fällen, den Partner dazu zu bringen, sich einer Therapie zu unterziehen. Wenn es jedoch immer wieder zu Rückfällen kommt, zerschlägt sich irgendwann die Hoffnung, dass sich der andere doch noch ändern wird. Die Trennung ist der einzige Ausweg.

Nicht nur dieser letzte Punkt macht deutlich, dass krampfhaftes Aneinander-Festhalten die Situation auch nicht besser macht, sondern erst recht die Hölle bedeuten kann.

Für dich ist es jedenfalls sehr wichtig, dass du dir Klarheit über die Trennungsmotive deiner Eltern verschaffen kannst. Vor allem wenn deine Eltern ihre Konflikte kaum offen ausgetragen haben, wird es dir vermutlich besonders schwer fallen, die Trennung zu akzeptieren und zu verstehen. Doch du hast ein **Recht auf Information,** lass dich nicht mit irgendwelchen Floskeln oder Halbwahrheiten abspeisen! Abgesehen davon, dass es dich sicherlich verletzt, nicht ernst genommen zu werden, hilft Geheimniskrämerei keinem von euch, im Gegenteil, sie macht Angst und belastet nur noch mehr. Falsche Information kann nicht nur bewirken, dass du dir von den Vorkommnissen um dich herum ein völlig verzerrtes Bild machst. Es ist zudem ein weit verbreiteter Irrtum, zu glauben, es sei das Beste für alle Beteiligten, über unangenehme Familienereignisse den Mantel des Schweigens zu breiten. Solche Vorfälle lassen sich nämlich auf Dauer nicht vertuschen. Früher oder später verschaffen sie sich in irgendeiner – mal mehr, mal weniger offensichtlichen – Weise Ausdruck und können dich dann unter Umständen ein Leben lang belasten, ohne dass dir die Zusammenhänge klar werden. (Ein bisschen anders ist die Situation für deine kleineren Geschwister, wenn du welche hast. Ihnen werden deine Eltern manches natürlich simpler erklären müssen.)

Du hast außerdem **ein Recht darauf, dass dir beide Eltern erklären, was es mit der Trennung auf sich hat.** Möglicherweise ist deine Mutter oder dein Vater gerade nicht in der Verfassung dafür. Dann warte ein wenig ab und such nach einer passenden Gelegenheit für ein klärendes Gespräch. Wenn du gar keine Möglichkeit zum Reden mit einem der beiden hast, dann schreib ihr oder ihm einen Brief. Frag auch immer wieder nach, wenn dich ein Detail besonders beschäftigt. Durch häufig wiederholtes Fragen und Besprechen kannst du deinen Schmerz besser bewältigen. Auch wenn das Thema deine Mutter oder deinen Vater und dich häufig zum Weinen oder Traurigsein bringt: Darüber reden hilft.

Es hilft, wenn du darüber redest!

Versuch deine Eltern ein wenig zu verstehen, du musst ihre Beweggründe ja nicht unbedingt für gut befinden. Du bist verunsichert, wahrscheinlich sogar richtig empört, dass so etwas überhaupt möglich ist und wie sie dir das antun können: ohne Rücksichtnahme auf dich und deine Geschwister (falls du welche hast) deine Familie zu zerstören. Aber jeder Mensch sehnt sich nach Harmonie. Auch wenn es dir im Augenblick so erscheinen mag: Deine Eltern machen nichts mit voller Absicht kaputt. Als sie sich zusammengetan haben, glaubten sie fest an einen gemeinsamen restlichen Lebensweg. Nun merken sie, dass sie an einer Gabelung angelangt sind, deren Pfade jeweils vom anderen weit wegführen, und sie können sich auf keinen einigen. Sich dem anderen zuliebe selbst zu verleugnen macht unglücklich. Das würde keinem Kind – auch dir nicht – auf Dauer verborgen bleiben und sich vermutlich auch letztlich wieder in irgendeiner Form auf dich auswirken und dich unglücklich machen. Da scheint manchen Eltern ein Neuanfang getrennt voneinander noch die beste Lösung zu sein.

Natürlich solltest du dir auch nicht mit Gewalt einreden, dass das alles für dich völlig normal und überhaupt nicht so schlimm ist, während du in Wirklichkeit innerlich ganz schrecklich unter der Situation leidest. Aber klag auch niemanden unbarmherzig an! Zuhören ist auf jeden Fall besser als Vorwürfe zu machen.

AUF WEN KANN ICH MICH NUN ÜBERHAUPT NOCH VERLASSEN?

Auch wenn du dich mehr und mehr von deinen Eltern zu lösen beginnst und bald schon auf eigenen Füßen stehen wirst, gehören sie doch noch immer zu den Menschen, die dir am nächsten stehen und auf die du in bestimmten Bereichen angewiesen bist. Du hast ihnen vertraut, gedacht, dass sie für immer zusammengehören und niemals den anderen im Stich lassen würden. Und nun? Plötzlich fühlen sie sich nicht mehr aneinander gebunden, einer geht fort und beide scheinen vielleicht sogar zufriedener zu sein als vorher …

Wenn du schon den zweien nicht vertrauen kannst, wem dann?, fragst du dich jetzt vielleicht erschrocken und enttäuscht. Was, wenn der andere mich auch noch verlässt?

Aber Vorsicht, hier kannst du leicht etwas verwechseln: Deine Mutter und dein Vater haben aus welchen Gründen auch immer **nicht dich verlassen**, sondern »nur« den jeweiligen Partner. Dass sie sich nicht mehr lieben oder nicht mehr miteinander leben können, **heißt nicht automatisch, sie lieben dich nicht mehr!** Was sich für dich ändert, ist, dass du deine Eltern nicht mehr als Einheit betrachten kannst, sondern als zwei getrennte Personen wahrnehmen solltest.

Du wirst diese Feststellung sicher schon selbst gemacht haben: Die völlig heile Familie gibt es nirgendwo. Keine Partnerschaft ist frei von Konflikten. Es ist zwar nur verständlich, wenn du dich jetzt fühlst, als hätte man dich aus dem Paradies vertrieben, und wenn du von nun an deinen Mitmenschen gegenüber öfter misstrauisch wirst und dich aus deiner Angst heraus anderen nur sehr zögerlich öffnest und anvertraust. Aber es gehört leider zum Erwachsenwerden eines jeden Menschen dazu, zu erkennen, dass Vertrauen eine empfindliche Sache ist: etwas, das missbraucht werden kann, etwas, das manchmal mühsam erarbeitet werden muss – aber auch etwas, das belohnt werden kann. Wenn du dich absichtlich deiner Umwelt gegenüber völlig verschließt, um nicht enttäuscht oder verletzt zu werden, beraubst du dich selbst der Möglichkeit vieler positiver Erfahrungen wie tief empfundener Liebe, Freundschaft und Zusammengehörigkeit.

Es ist auch keineswegs gesagt, dass die schlechten Erfahrungen deiner Eltern sich bei dir wiederholen müssen. Halte dir lieber die guten Zeiten, die schönen gemeinsamen Erlebnisse, in Erinnerung und mal dir deine Zukunft nicht schon im Voraus schwarz! Die positiven Gefühle, die du gesammelt hast, kann dir keiner mehr wegnehmen – außer du selbst.

BIN ICH SCHULD AN DER GANZEN MISERE?

Diese Frage lässt sich ganz klar mit einem NEIN beantworten. Wenn dich der Gedanke quält, deine schlechten Schulleistungen oder irgendetwas anderes, worin du versagt zu haben glaubst, sei die Ursache für den Bruch der Eltern, lass dir gesagt sein: **Kinder können nie schuld daran sein**, dass sich Mutter und Vater trennen! Die beiden sind immer selbst für ihre Partnerschaft oder Ehe verantwortlich. Wenn sich alle Eltern trennen würden, weil ihre Kinder irgendetwas verbockt haben, gäbe es wohl gar kein Zusammenleben mehr. Daran ändert auch die Tatsache nichts, dass du vielleicht hin und wieder unbeabsichtigt durch das eine oder andere unangebrachte Wort oder eine unüberlegte Tat den Streit der beiden zusätzlich angeheizt hast. Gedanken wie »Hätte ich mir nur mehr Mühe gegeben …« oder »Wäre ich damals nur nicht …« oder »Warum hab ich bloß …?« sind überflüssig.

Was passiert ist, ist passiert, aber es ist deswegen noch lange nicht deine Aufgabe, die Konflikte deiner Eltern zu lösen.

Falls du bisher die Erfahrung gemacht hast, dass sich deine Eltern dir nur dann zuwenden, wenn du alle deine Aufgaben zu ihrer vollsten Zufriedenheit erfüllst, wirst du vielleicht die Trennung der beiden als ein Versagen deinerseits erleben. Aber das stimmt nicht, verwirf diesen Gedanken ganz schnell. Du bist nicht dazu da, um die Partnerschaft deiner Eltern zu kitten und sie glücklich zu machen (übrigens aber auch nicht, um sie unglücklich zu machen).

Auch Sätze wie »Du bist wie deine vom Ehrgeiz zerfressene Mutter!« oder »Kein Wunder, dass aus deinem Sohn nichts wird, wenn du den ganzen Tag faul auf der Couch rumliegst …«, die dir den Eindruck vermitteln, deine Eltern würden dich ablehnen, sind in Wahrheit gegen den Partner gerichtet. Du wirst schlicht als Streitgrund missbraucht. Es geht dabei gar nicht um dich, sondern um die Probleme, die Mutter und Vater miteinander haben. Jeder andere Anlass käme ihnen genauso gut gelegen, um sich in die Haare zu kriegen.

Ebenso wenig bringt es auch, unbedingt einen Sündenbock finden zu wollen, dem man alle Schuld an dem Drama zuweisen kann und der letztlich der »Böse« ist.

Ansichten wie »Wenn Mama nicht nur ihre Arbeit im Kopf gehabt hätte« oder »Papa hätte sich mehr um Mama kümmern und die Finger von dieser Frau lassen sollen« sind zwar sicherlich nicht ganz von der Hand zu weisen, aber die Klärung der Schuldfrage ändert nichts mehr daran, dass es nun einmal so geschehen ist. Ganz abgesehen davon, dass die Dinge im Einzelnen oft komplizierter liegen. Dir bleibt nur übrig, die Realität zu akzeptieren.

SOLL ICH VERSUCHEN MEINE ELTERN WIEDER ZUSAMMENZUBRINGEN?

Vielleicht hast du irgendwann einmal das Buch »Das doppelte Lottchen« von Erich Kästner gelesen oder einen Film gesehen, in dem es Kindern gelungen ist, dass sich ihre Eltern wieder ineinander verlieben und alle zusammen eine neue Familie bilden. Und obwohl dir im Grunde klar ist, die Wirklichkeit sieht ganz anders aus, hegst du doch irgendwie die Hoffnung, dass eine klitzekleine Chance besteht, deine Mutter und deinen Vater auszusöhnen und wieder zusammenzuführen. Sie hätten nicht so schnell das Handtuch werfen sollen und sich nur mehr zusammenreißen müssen, davon bist du überzeugt.

Nun kann es zwar wirklich sein, dass deine Eltern sich mehr anstrengen hätten können oder »mangelnde Streitkultur« an den Tag gelegt haben. Das heißt, sie haben sich lieber gegenseitig Vorwürfe gemacht, weil das natürlich einfacher ist. Anstatt sich zu bemühen, miteinander eine vernünftige Lösung, einen Kompromiss zu finden, mit dem alle leben können, haben sie sich gegenseitig kritisiert. Möglicherweise hat sich auch einer von ihnen oder beide – aus welchen Gründen auch immer – mehrmals nicht an gegebene Versprechen gehalten. Aber wenn du denkst, du könntest durch irgendwelche raffinierte Strategien die »zwei sturen Esel wieder in den gemeinsamen Stall zurücktreiben«, bist du leider auf dem Holzweg: Ebenso wenig wie du schuld an den Konflikten deiner Eltern bist, kannst du nämlich den trennenden Graben zwischen ihnen überwinden. Es liegt in den Händen deiner Mutter und deines Vaters, ihre Chancen und Möglichkeiten wahrzunehmen. Wenn sie nicht selbst die Willensstärke und Entschlusskraft aufbringen – und zwar alle beide –, ist ein echter gemeinsamer Neuanfang zum Scheitern verurteilt.

Verzichte also am besten von vornherein auf Manipulations- oder Kupplungsversuche wie etwa der folgenden Art: »Du, Mama, Papa hat nach dir gefragt. Ich glaube, er ist noch an dir interessiert.« Und: »Du weißt schon, dass dein neuer Freund Dreck am Stecken hat?« Solche Sprüche können eher das Gegenteil bewirken. So schwer dir das auch fällt: **Akzeptiere die Tatsachen!** Fehlgeschlagene Vermittlungsversuche machen dich nur noch mehr fertig. So etwas solltest du lieber Fachleuten wie

Eheberatern oder Mediatoren (siehe S. 54) überlassen und auch dabei geht es wieder nur mit dem Willen beider Elternteile.

Vielleicht schwebt dir der Gedanke vor, du müsstest nur besonders lieb, brav und verständnisvoll sein, dann wird sich Mama oder Papa so sehr nach dir sehnen, dass sie oder er wieder nach Hause zurückkehrt. Aber täusch dich da mal nicht: Es ist ja nicht die mangelnde Liebe zu dir, weswegen es zu der Trennung gekommen ist. Auch durch Ausübung von Druck wirst du dein Ziel nicht erreichen. Wenn du also plötzlich auf den Gedanken verfällst, auf krank zu machen, die Schule stark zu vernachlässigen, von zu Hause abzuhauen oder sonst irgendetwas zu unternehmen, was deine Eltern in ihrer gemeinsamen Sorge um dich einander wieder näher bringen könnte, vergiss das lieber schnell wieder. Solche Methoden helfen dir nicht weiter. Schließlich haben deine Eltern nicht einfach so von heute auf morgen beschlossen sich zu trennen. Sie haben mit ihrer Entscheidung gerungen und lassen sich durch solche »Erpressungsversuche« sicherlich nicht umstimmen. Und mach dir nichts vor: Die Wahrscheinlichkeit, dass alles in Ordnung sein wird, wenn die beiden nur erst wieder zusammenleben, ist gleich null.

Du solltest deine Kräfte lieber für Aktionen einsetzen, die mehr Aussicht auf Erfolg haben. Auch wenn das jetzt viel leichter klingt, als es ist: Betrachte deine Situation doch einmal als Chance, eine neue Beziehung zu dem jeweiligen Elternteil aufzubauen. Denk darüber nach, welche Vorteile für dich damit verbunden sein könnten. Welche Streitigkeiten werden dir in Zukunft endlich erspart bleiben? Hattest du bis jetzt nie so richtig die Gelegenheit, allein mit deiner Mutter oder deinem Vater etwas für dich Wichtiges zu besprechen oder zu unternehmen, das speziell euch beide interessiert, die anderen aber nur nervt? Vielleicht entdeckst du auch neue positive Seiten an den beiden, die dir bisher nie auffielen, weil sie nicht dazu gekommen sind, diese zu zeigen.

KANN ICH EINEN ELTERNTEIL ERSETZEN?

Besonders wenn du ein Einzelkind oder das älteste deiner Geschwister bist und auf einmal allein mit Mutter oder Vater wohnst, kann es unter Umständen passieren, dass du, ohne es so richtig zu bemerken, in die Rolle des ausgezogenen Elternteils schlüpfst. Das kann sich zum Beispiel folgendermaßen abspielen:

Der Elternteil, bei dem du jetzt wohnst, fühlt sich einsam und möchte dich gerade jetzt besonders viel um sich haben. Er konzentriert seine Liebe stark auf dich und behandelt dich wie seinen besten Freund oder seine beste Freundin, ist sehr offen, erzählt dir alles, was ihn bewegt. Du durchlebst ein wahres Gefühlsbad: Auf der einen Seite geht dir die schlechte Verfassung deiner Mutter oder deines Vaters sehr nahe. Du möchtest diesen dir so eng verbundenen Menschen nicht traurig sehen und versuchst ihn mit allen Mitteln abzulenken und auf fröhlichere Gedanken zu bringen. Zudem bist du geschmeichelt, dass er dir so viel Vertrauen entgegenbringt und dich wie einen Erwachsenen behandelt. Auf der anderen Seite wird dir das auf die Dauer zu eng, du fühlst dich komplett von diesem Elternteil vereinnahmt, brauchst dringend Abstand.

Und damit hast du vollkommen Recht. Denn so gut und wichtig es auch ist, Einfühlungsvermögen gegenüber anderen zu zeigen: **Deine Eltern sind deine Eltern und du bist das Kind, nicht der Partner – und schon gar kein Mülleimer!** Wenn dich deine Mutter oder dein Vater zu sehr in Beschlag nehmen wollen, solltest du dich daher unbedingt wehren. Mach ihnen freundlich, aber bestimmt klar, dass sie ihre Probleme besser mit Freunden oder professionellen Beratern besprechen. Du musst nicht die ganze Sorgenflut deiner Eltern über dich ergehen lassen und brauchst auch keine Gewissensbisse zu haben, wenn du Mama oder Papa hin und wieder mit ihrem Kram allein lässt und lieber zu Freunden gehst. Das macht dich noch lange nicht zu einem selbstsüchtigen Scheusal, sondern ist ein vernünftiges Mittel zum Selbstschutz. Sollte sich deine Mutter oder dein Vater daraufhin gekränkt von dir zurückziehen und dich mit Isolation und düsterer Stimmung strafen, mach ihr oder ihm klar, dass dieses Verhalten dir gegenüber, dem Schwächeren in dieser Situation, wirklich nicht fair ist.

Aber auch anderes übertriebenes Solidaritätsverhalten kann schädlich sein, etwa wenn du derjenige bist, der in dem einen Elternteil einen engen Verbündeten sucht, um gegenüber dem anderen eine Kriegsfront zu bilden. Das kann beispielsweise der Fall sein, wenn aus deiner Sicht deine Mutter oder dein Vater euch im Stich gelassen hat und du ihr oder ihm zur Strafe nun die kalte Schulter zeigen willst. Klar, wer könnte es dir verdenken, dass du sauer bist und durch diese Taktik vielleicht auch nur den mit dir zusammenlebenden Elternteil unterstützen willst, aber überleg mal: Ändert das in irgendeiner Weise etwas an den Tatsachen? Kann es dich auf Dauer glücklich machen? Die Situation wird dadurch nämlich auch nicht leichter. Und Rache kann dir – wenn überhaupt – immer nur sehr kurz helfen dich besser zu fühlen. Danach wird dir sehr schnell wieder bewusst, dass du weiterhin im selben Sumpf steckst, aus dem du dich nur selbst befreien kannst.

Vielleicht fühlst du dich gerade jetzt auch aus Verantwortungsbewusstsein heraus verpflichtet, dich besonders demjenigen Elternteil zuzuwenden, der in deinen Augen der hilflosere ist. Während der Pubertät neigen viele Mädchen dazu, ihre Mütter heftig zu kritisieren, und Jungen, mit ihren Vätern zu rivalisieren. Umgekehrt werten sie den jeweils andersgeschlechtlichen Elternteil entsprechend auf. Bei Streitigkeiten von Mutter und Vater ist daher dann die Versuchung besonders groß, Partei zu ergreifen. Und die beiden, die gerade jetzt stark unter mangelnder liebevoller Zuwendung des Ehepartners leiden, empfinden diese Zuneigung und Unterstützung des Kindes natürlich als besonders wohltuend. Aber auch hier ist Vorsicht angebracht! Du läufst so nämlich nicht nur Gefahr, in einen Scheidungskrieg (siehe S. 56) hineingezogen zu werden, sondern dich auch selbst an der Ablösung von deinem Elternhaus hin zur Eigenständigkeit zu behindern.

Noch mal, denk dran: Du bist das Kind, es ist nicht deine Aufgabe, als Partnerersatz zu dienen. Du musst dich nicht für all die Probleme deiner Eltern verantwortlich fühlen, musst nicht aus Rücksicht den anderen gegenüber immer nett, freundlich, verständnisvoll sein, wenn es in dir drinnen gerade ganz anders aussieht.

Prügle oder brülle aber auch nicht wie besessen auf alle um dich herum ein und lass deinen Frust nicht an anderen aus! Nimm deine eigenen Bedürfnisse wahr, ohne den anderen gegenüber blind zu sein (siehe auch S. 29).

MUSS ICH SCHULDGEFÜHLE HABEN?

Mama und Papa schreien sich bei jeder Gelegenheit an, sie heult, er tobt, alle sind verzweifelt. Vielleicht gehörst du zu jenen Kindern, die schon seit Jahren mit ansehen müssen, wie ihre Eltern sich ständig in die Haare kriegen. Irgendwann hast du dir nur noch sehnlichst gewünscht, dass das endlich aufhört. Egal wie, du wolltest einfach deine Ruhe.

Und dann ist einer plötzlich weg und du bist richtig froh, dass jetzt, wo ihr nicht mehr alle unter einem Dach lebt, endlich Frieden in euren vier Wänden eingekehrt ist und kein Stress mehr herrscht. Aber ist das nicht sehr egoistisch von mir?, denkst du nun hin und wieder. Ist Mama oder Papa in der »Verbannung« nicht sehr einsam, während ich weiter im warmen Nest hocke?

Doch auch in diesem Fall brauchst du wirklich keine Gewissensbisse zu haben. Genau wie du haben deine Mutter und dein Vater festgestellt, dass es für alle Beteiligten enorm wichtig ist, wieder ruhiger zu werden und zur Besinnung zu kommen, und sich deswegen für eine Trennung entschieden. Abstand tut euch trotz des damit verbundenen Schmerzes jetzt einmal ganz gut. Auch wenn du nun einen Elternteil nicht mehr so oft sehen kannst und umgekehrt, habt ihr die Möglichkeit, alle wieder ausgeglichener zu werden und euer Leben in den Griff zu bekommen.

WER KANN MICH UNTERSTÜTZEN?

Wahrscheinlich bist du gerade jetzt in dieser veränderten Lebenssituation oft sehr niedergeschlagen, verwirrt und anlehnungsbedürftig und hast das dringende Bedürfnis, mit jemandem über die Dinge zu reden, die dich belasten. Oder vielleicht brauchst du auch nur jemanden, mit dem du hin und wieder ein bisschen »Blödsinn machen« und deine trüben Gedanken für ein paar Stunden beiseite schieben kannst.

Deine Mutter und deinen Vater kannst oder willst du in dieser Sache nicht behelligen: Erstens haben sie dich ja in diese Situation gebracht und zweitens sind sie wahrscheinlich gerade selbst nicht optimal in der Lage, alles klar zu sehen.

Sicher ist dir deine beste Freundin oder dein bester Freund jetzt eine Stütze. Sie oder er kennt dich und deine Denkweise sehr gut, nimmt dich, wie du bist, und hält dir keine Vorträge. Besonders Freunde oder Schulkameraden, die Ähnliches erlebt haben oder auch gerade erleben, können sich in deine Situation hineinfühlen und ihr könnt euch gegenseitig auffangen und Mut machen. Das gilt übrigens ebenfalls für Geschwister, falls du welche hast. Auch wenn ihr euch oft streitet und so verschieden wie Tag und Nacht seid, befindet ihr euch doch in derselben schwierigen Lage. Vielleicht wirst du erstaunt feststellen, dass deine große Schwester oder dein

Bruder, die sonst so cool sind und auf dich gerne auch mal herabschauen, das Ganze auch nicht so leicht wegstecken und froh sind, mit dir hin und wieder ihre Gedanken auszutauschen.

Es gibt aber auch noch andere Personen, denen du dich mit deinen Problemen anvertrauen könntest, zum Beispiel Familienmitglieder wie Tante, Onkel oder Großeltern. Vorausgesetzt, sie ergreifen nicht sofort Partei für einen der beiden Elternteile und machen Stimmung gegen den anderen. Vor solchen Verwandten solltest du dich lieber hüten!

Wenn du das Gefühl hast, keiner der Menschen in deiner Umgebung ist der Situation gewachsen, oder wenn du lieber mit jemandem sprechen willst, der dich und deine Familie gar nicht kennt, wende dich an eine entsprechende Beratungsstelle. Dort arbeiten erfahrene Personen, die unentgeltlich für dich da sind, dir zuhören und Ratschläge geben können, wie du die Situation besser bewältigst. Adressen von solchen Einrichtungen findest du im Anhang dieses Buches (ab S. 107).

WIE KANN ICH MIT DER NEUEN SITUATION UMGEHEN?

Wenn deine Eltern auseinander gehen, hast du zwar keine reelle Möglichkeit, etwas dagegen zu unternehmen. Doch du kannst zumindest deine Lage erträglicher machen, indem du bestimmte Dinge beachtest. Folgende Punkte können dir helfen den Trennungsschmerz ein wenig zu lindern:

1. LASS DEINE GEFÜHLE RAUS!

Niemand, auch du selbst nicht, darf von dir erwarten, dass du »still funktionierst«. Einen auf »cool« zu machen, damit die anderen beruhigt sind und denken, alles wäre gar nicht so schlimm für dich, schadet dir mehr als es irgendjemand anderem hilft. Wenn du alles immer nur hinunterschluckst, fügst du deiner Seele dadurch bloß weitere Wunden zu. Mit Sätzen wie »Ist mir sowieso alles egal« oder »Mich berührt das überhaupt nicht« lügst du dir nur in die eigene Tasche. Wer einen Panzer um sich herum aufbaut, um sich vor dem Schmerz zu schützen, macht sich auch gleichzeitig unempfänglich für positive Gefühle und läuft Gefahr, depressiv zu werden. Darum ist es besser, Angst, Trauer und Wut auszudrücken anstatt sie mit aller Gewalt zu unterdrücken.

Gedanken wie »Ich muss mich jetzt zurücknehmen und sollte nichts von meinen ohnehin schon gestressten Eltern fordern«, die möglicherweise noch durch die Anerkennung von anderen verstärkt werden (»Super, wie du das alles bewältigst!«), können trügerisch sein. Besonders Mädchen neigen dazu, aus Angst, jemandem zur Last zu fallen, ihre eigenen Gefühle und Bedürfnisse zu unterdrücken. Falls dies auf dich zutrifft, sei in Zukunft wachsamer. Und wenn es wieder eine Situation gibt, wo du schon nah dran bist, auf alle anderen, nur nicht auf dich selbst Rücksicht zu nehmen, steh auch einmal auf und sag: »Es tut mir Leid, aber ich kann und will das nicht. Es reicht. Ich brauche jetzt selbst Hilfe (oder Ruhe oder was auch immer)!« Warum nicht gleich einmal vor dem Spiegel üben?

Allerdings bringt es auch nichts, wenn du mit Vorwürfen nur so um dich schmeißt und einen oder beide Elternteile wüst anklagst. Das Geschehene lässt sich nun einmal nicht mehr rückgängig machen und deine Mutter und dein Vater fühlen sich ohnehin dir gegenüber schuldig – auch wenn sie dir vielleicht manchmal wie selbstsüchtige Ungeheuer erscheinen. Wut ist ein Gefühl und Gefühle sind an sich niemals schlecht. Es kommt nur darauf an, wie man sie ausdrückt, nämlich auf eine Weise, die niemandem schadet. Stell den Grund fest, warum du verärgert bist. Formuliere deinen Zorn, deine Sorgen, Ängste und Bedürfnisse so konkret wie möglich. Hier ein paar Beispiele:

»Ich bin sauer auf dich, Papa, weil du mich nie anrufst.«

»Ich sorge mich sehr um meine kleine Schwester, sie weint immer, wenn sie denkt, niemand merkt es.«

»Ich fürchte mich vor der neuen Schule.«

»Du fehlst mir so sehr, Mama.«

»Ich brauche jetzt besonders jemanden, der mich öfters in den Arm nimmt.«

Wenn du dich völlig in dein Schneckenhaus zurückziehst, wissen die anderen auch nicht, wie es in dir aussieht und wie sie dir beistehen können. Das bedeutet aber nicht, dass du dein Inneres jedem gegenüber und zu jeder Tages- und Nachtzeit preisgeben musst, wenn dir gerade überhaupt nicht danach ist.

Vielleicht gehörst du zu den Menschen, die nie weinen, weil sie sich ihrer Tränen schämen oder Angst haben, wenn sie erst einmal damit anfangen, werden sie nicht mehr damit aufhören können und in einem Tränensee ertrinken. Das stimmt aber nicht. Das Gegenteil ist der Fall: Sich hin und wieder auszuweinen bringt spürbare Erleichterung. Egal wie alt du bist, oder ob Mädchen oder Junge.

2. STECK DEN KOPF NICHT IN DEN SAND!

Falls du dazu neigst, unangenehme Gedanken und Erlebnisse immer gleich von dir wegzuschieben und dich stattdessen in Wunschträumen zu verlieren, solltest du damit beginnen diese »Taktik« zu ändern. Selbst wenn du die Wirklichkeit nicht wahrhaben willst, ist sie dennoch da.

Klar, wer liebt es schon, sich mit den hässlichen Dingen im Leben zu beschäftigen, und nicht jeder hat Lust und Laune, stundenlang herumzugrübeln. Hin und wieder tut es einfach gut, sich zurückzuziehen, Musik aufzulegen, die Augen zu schließen und Tagträumen nachzuhängen. Verdrängung ist am Anfang eine normale Reaktion. Irgendwann aber musst du den Tatsachen ins Auge sehen und deinen Gefühlen Raum geben. Ja, es ist passiert. Es lässt sich nicht rückgängig machen. Und es tut verdammt weh.

> ***Verdrängen ist keine Lösung!***

Die Trennung deiner Eltern bietet dir auch Gelegenheit, einmal darüber nachzudenken, welche Schlüsse du für dich selbst daraus ziehen kannst. Es könnte dir in deinem eigenen Leben von Nutzen sein, wenn du nach und nach zum Beispiel folgende Fragen beantworten könntest:

Was ist schief gelaufen? Hätten meine Eltern etwas anders machen können? Wenn ja, was? Wie verhalte ich mich in Konfliktsituationen? Ahme ich meine Mutter oder meinen Vater nach? Setze ich stets meinen Willen ohne Rücksicht auf andere durch? Bin ich immer die- oder derjenige, der nachgibt? Gehe ich Streit nur der Harmonie wegen aus dem Weg? Versuche ich ständig es allen recht zu machen und bleibe dabei selbst auf der Strecke? Wie versöhne ich mich mit meinem Streitpartner wieder?

Du erkennst wahrscheinlich schon an deinen Antworten, wo deine eigenen Schwächen liegen. Hast du diese erst einmal erkannt, tut sich dir auch die Möglichkeit auf, dir zu überlegen, wie du daran arbeiten kannst. Verdräng die traurigen Dinge in deinem Leben also nicht, gerade sie helfen dir erwachsener und reifer zu werden – und zum Leben gehören nun mal auch einige unangenehme Erlebnisse oder Phasen dazu.

Selbst wenn dies mit ungeheurem Schmerz für dich verbunden ist: **Du bist viel stärker, als du denkst!** Und gerade in solchen Extremsituationen wird deutlich, wozu Menschen in der Lage sind und was sie ertragen können, wenn es darauf ankommt.

3. ES GIBT KEINEN GRUND, SICH ZU SCHÄMEN!

Eine Scheidung ist nichts Unanständiges und inzwischen im Großen und Ganzen auch kein gesellschaftliches Tabu mehr. Manchmal ist sie tatsächlich die beste Lösung für Konflikte, die sich nicht anders bewältigen lassen. Vielen Kindern ergeht es genauso wie dir. Du kannst nichts dafür, und es muss dir auch nicht unangenehm sein, mit anderen darüber zu reden.

4. ACHTE AUF VERÄNDERUNGEN AN DEINEM KÖRPER UND IN DEINEM VERHALTEN!

Hast du in der letzten Zeit – oder vielleicht auch schon seit längerem – gehäuft physische Beschwerden gehabt? Das können zum Beispiel Müdigkeit, Konzentrations- oder Schlafstörungen, Kopf- oder Magenschmerzen, Erbrechen, Infektanfälligkeit, Allergien, Hautausschläge, Essstörungen, Depressionen, Verdauungsprobleme oder Unregelmäßigkeiten bei der Menstruation sein. Haben deine schulischen Leistungen stark nachgelassen? Neigst du plötzlich zur Aggressivität oder versuchst dich übermäßig anzupassen? Ertappst du dich dabei, wie du dir selbst Verletzungen zufügst? Greifst du zu Drogen?

Möglicherweise will dir dein Körper oder dein Unterbewusstsein auf diese Weise zu verstehen geben, dass du mehr auf dich selbst achten und lernen musst, mit dem Stress anders umzugehen, der in diesem Fall durch die Auseinandersetzungen deiner Eltern ausgelöst wurde.

Wenn eine der genannten Erscheinungen auf dich zutrifft und du nicht mit einem Elternteil darüber reden willst oder kannst, wende dich damit an eine erwachsene Person deines Vertrauens oder direkt an einen Arzt. Ihr könnt dann gemeinsam einen Weg finden, wie du die Beschwerden dauerhaft beseitigen kannst.

5. VERBIETE DEINEN ELTERN, IN DEINER GEGENWART SCHLECHT ÜBEREINANDER ZU REDEN!

Wenn deine Eltern trotz der Trennung noch immer nicht miteinander klarkommen, ist das noch lange kein Grund, ihren Müll bei dir abzuladen. Mach ihnen bewusst, wie sehr du darunter leidest und dass diese Vorgehensweise für keinen von euch eine Lösung ist.

6. WENN DEINE MUTTER ODER DEIN VATER AUSGEZOGEN IST UND DU SEHNSUCHT NACH IHR ODER IHM HAST: DU HAST DAS RECHT AUF BEIDE ELTERNTEILE!

Ruf die Person an, die du nicht so oft sehen kannst. Vielleicht wartet sie ja gerade auf ein Zeichen von dir. Fordere regelmäßige Telefonate und Treffen. Sag ihr ruhig, dass du sie vermisst, aber erzähl auch, welche Dinge sich sonst so bei dir tun. Auf diese Weise machst du ihr – und auch dir – bewusst, dass die Verzweiflung nachlässt, dein Leben weitergeht und in neue Bahnen fließt (siehe dazu auch S. 78 und 99).

7. WENN DU MIT MUTTER ODER VATER AUSGEZOGEN BIST UND DIR DIE NEUE UMGEBUNG NOCH FREMD IST: VERSUCH KONTAKTE ZU KNÜPFEN!

Falls diese noch nicht eng genug sind, um über deine Sorgen zu sprechen, ruf deine alten Freunde an. Oder schütte ihnen dein Herz via E-Mail oder per Post aus, wenn Telefonate zu teuer sind. Gibt es niemanden, der auf deine Probleme eingehen kann oder will, wende dich an eine entsprechende Beratungsstelle (Adressen ab S. 107).

8. FÜHRE TAGEBUCH!

Dich ab und zu hinzusetzen und Gedanken und Erlebnisse, die dich zurzeit bewegen, zu Papier zu bringen, kann sehr erleichternd wirken.

Wenn du diese Idee grundsätzlich für gut hältst, aber davor zurückschreckst, weil du keine dichterische Ader hast oder mit der Rechtschreibung auf Kriegsfuß stehst: Darum geht es hier überhaupt nicht. Für das Schreiben deines Tagebuchs brauchst du keine Regeln zu befolgen. Leg spontan los, schreib einfach alles auf, was dir gerade in den Sinn kommt! Du bringst dadurch ein bisschen mehr Ordnung in deine Gedanken und dein Kopf wird wieder frei für andere Inhalte. Etwas zu Papier zu bringen kann sich anfühlen, als ob du eine schwere Last ablegst und endlich wieder frei durchatmen kannst.

Du könntest zum Beispiel aufschreiben, was dich heute traurig gemacht und was dich gefreut hat. In deinem Leben gibt es zurzeit überhaupt nichts Positives? Denk noch mal nach! Gibt es nicht irgendjemanden, der dir ein Gefühl von Geborgenheit und Wohlbehagen vermittelt? Ein Erfolgserlebnis beim Sport? Einen Film, der dich zum Lachen gebracht hat? Eine Katze, die dankbar geschnurrt hat, als du sie gestreichelt hast? Eine gute Unterhaltung mit Freunden?

Es können schon winzige Kleinigkeiten sein, die einem bewusst machen, dass die Welt nicht nur grau ist. Ja, du hast schon viel glücklichere Zeiten erlebt, aber wenn du das Ganze näher betrachtest, musst du zugeben, dass dein Leben nicht völlig vermasselt ist und doch auch eine Chance auf Änderung besteht.

9. LENK DICH AB!

Gerade jetzt solltest du öfter einmal raus aus dem Haus und dem Alltagstrott. Reagiere deine Wut ab, indem du einen Kraft- oder Ausdauersport deiner Wahl betreibst oder, wenn dir das mehr Spaß macht, dich bei fetziger Musik austobst. (Nimm aber in letzterem Fall bei der Lautstärke Rücksicht auf die Nachbarn.) Widme dich deinen Hobbys, um dein angekratztes Selbstvertrauen wieder zu stärken. Beweg dich viel in der Natur. Vielleicht findest du auch ein Gebiet, auf dem du dich sozial engagieren kannst, zum Beispiel bei der freiwilligen Feuerwehr, bei Hilfsorganisationen oder in Altersheimen. Setz dir bestimmte Ziele und versuche sie zu erreichen.

Eines solltest du dabei aber nicht aus den Augen verlieren: All diese Mittel dienen der Ablenkung, jedoch nicht der Betäubung von seelischem Schmerz. Es bringt dir nichts, wenn du beispielsweise in deiner Wut so wild durch die Gegend joggst, dass dir schwindlig wird und du umkippst. Schon ein paar Minuten in normalem Lauftempo können dir helfen ruhiger zu werden und Kraft zu tanken.

10. ENTSPANN DICH!

In akuten Stresssituationen mach am besten Atemübungen oder such dir andere Mittel zur Entspannung. Hier helfen zum Beispiel Räucherkerzen oder Duftstäbchen, beruhigende Kräutertees und -bäder, Meditation oder einfach ein gemütliches Stündchen auf dem Sofa, mit einem guten Buch in der Hand. Auch die Beschäftigung mit Haustieren bietet Möglichkeit für seelischen Ausgleich. Tiere sind sehr geduldige Trostspender, besonders wenn man sich einsam fühlt.

Wenn du deine Gedanken zur Ruhe bringen möchtest, versuch doch einmal die folgende ***Yoga-Atemübung:*** *Leg dich auf den Boden. Deine Fersen sollten etwa einen halben Meter weit auseinander liegen, die Fußspitzen entspannt nach außen fallen. Die Arme neben dem Körper ruhen lassen, Handflächen nach oben richten. Leg dann eine Hand locker auf den Bauch unterhalb des Nabels und die andere an die Seite des Brustkorbs auf die Rippen. Schließ die Augen. Spür deinen Kopf, deine Schultern, deine Arme, deinen Rücken usw., bis du bei den Füßen angelangt bist, und versuch dabei jeden Teil deines Körpers zu entspannen. Achte darauf, dass die Zunge locker im Mund liegt. Versuch dich auf das Fließen des Atems zu konzentrieren. Fühl dich in ihn hinein, ohne ihm deinen Willen aufzuzwingen. Atme dann langsam und tief ein. Fühl, wie sich deine Bauchdecke leicht hebt (Bauch nicht »aufblasen«) und der Brustkorb sich seitlich weitet. Die Schlüsselbeine dabei nicht anheben. Halte den Atem nicht an, sondern atme gleich wieder aus. Deine Bauchdecke senkt sich, der Brustkorb wird wieder schmäler. Mach eine kurze Atempause. Wiederhol danach die Übung ein paarmal. Entspann dich anschließend, indem du ruhig weiteratmest.*

UND WER FRAGT MICH?

Wenn die Eltern vor Gericht gehen

»Schöne Eltern haben wir, was? Na warte, wenn wir den beiden einmal die Meinung geigen! Die werden staunen!«
»Das dürfen wir doch gar nicht«, meint Lotte schüchtern. »Wir sind ja nur Kinder!«
»Nur?«, fragt Luise und wirft den Kopf zurück.
(aus: Erich Kästner, »Das doppelte Lottchen«)

Nach einer gewissen Trennungszeit beschließen viele verheiratete Eltern gewöhnlich, einen endgültigen Schlusspunkt zu setzen, und reichen die Scheidung ein. Wieder eine Entscheidung, die du wohl oder übel akzeptieren musst. Und manchmal wird die ohnehin schon gereizte Stimmung zwischen den Eltern leider oft noch hitziger, sobald sie sich ihrer wirtschaftlichen und rechtlichen Lage in vollem Ausmaß bewusst werden. Um ihre – tatsächlichen oder vermeintlichen – Rechte durchzusetzen und aus Angst, über den Tisch gezogen zu werden, greifen sie da plötzlich zu allen möglichen Mitteln.

Und wo bin ich in diesem Stück?, fragst du dich. Wo bleiben meine Bedürfnisse? Wer kümmert sich darum, wie es mir dabei ergeht? Wie wird alles weitergehen? Wo werde ich leben? Wer wird für mich sorgen?

Die Situation stellt nicht nur für die Erwachsenen eine große nervliche Belastung dar, sondern auch für dich und deine Geschwister. Manche Eltern sind sich nicht genug darüber im Klaren, dass sie sich zwar von ihrem Partner getrennt haben, dieser aber für immer die Mutter oder der Vater ihres Kindes bleibt. Sie vergessen in ihrem Machtkampf nur zu oft, dass nicht nur für sie eine Welt zusammengebrochen ist, sondern auch für ihre Kinder. Die Eltern haben zumindest die Möglichkeit, sich zu wehren. Aber du?

Die Rechtsstellung deutscher, österreichischer und schweizerischer Kinder bei einer Scheidung der Eltern hat sich zwar in den letzten Jahren verbessert, vieles ist jedoch noch immer nicht klar genug geregelt. Recht haben heißt leider nicht immer auch gleich Recht bekommen. Das ist schon für Erwachsene schwer zu verkraften. Besonders hart trifft es aber Kinder und Jugendliche wie dich, die ihre Ansprüche ohne oder gar gegen ihre Eltern nur schwer durchsetzen können, selbst wenn sie Recht haben. Hier gibt es für die Verantwortlichen noch vieles zu ändern.

In diesem Kapitel erfährst du, wie eine Scheidung überhaupt abläuft, wie viel du mitreden darfst, welche Möglichkeiten es gibt, Scheidungskonflikte anderweitig zu regeln, und wie du es schaffst, dem Nervenkrieg am ehesten zu entkommen.

WAS HEISST ÜBERHAUPT »SCHEIDUNG«?

Unter dem Wort **»Scheidung«** versteht man im Allgemeinen die Auflösung einer Ehe durch eine gerichtliche Entscheidung.

Dem Gesetz nach kann eine Ehe grundsätzlich geschieden werden, wenn sie gescheitert ist, das heißt, wenn keine **Lebensgemeinschaft** mehr besteht und nicht erwartet werden kann, dass die Ehepartner sie wiederherstellen.

Eine Lebensgemeinschaft ist dann nicht mehr gegeben, wenn eine Trennung »von Tisch und Bett« stattgefunden hat. Mit anderen Worten: wenn einer der beiden Partner dem anderen deutlich erklärt hat, dass er nicht mehr mit ihm zusammenleben will, und ausgezogen ist. Oder beide wohnen zwar noch in demselben Haus oder in derselben Wohnung, führen aber keinen gemeinsamen Haushalt (getrenntes Einkaufen, Kochen, Wäsche waschen usw.) und haben keine persönliche Beziehung mehr zueinander.

Scheidung: Voll im Trend

Traurig, aber wahr: Die Zahl der Scheidungen steigt in weiten Teilen Europas nach wie vor an. In Deutschland werden jährlich bereits mehr als halb so viele Ehen aufgelöst wie geschlossen. Im Jahr 2002 verzeichnete man hier rund 205 000 Paare (Österreich: rund 20 000, Schweiz: rund 16 500), die ihre Ehe beendeten. Die mit Abstand meisten Scheidungen erfolgen derzeit im Zeitraum zwischen etwa drei bis sechs Ehejahren. Das »verflixte siebte Jahr« ist also doch nicht ganz so verhängnisvoll, wie man es ihm immer wieder nachsagt.

WIE LÄUFT EIN SCHEIDUNGSVERFAHREN AB?

Um ein Scheidungsverfahren einzuleiten, muss einer der Ehepartner zu einem Anwalt gehen und durch diesen den Scheidungsantrag beim Familiengericht einreichen lassen. Der Antrag wird dann dem anderen Ehepartner direkt vom Gericht zugestellt.

Man muss allerdings in Deutschland mindestens ein Jahr getrennt voneinander gelebt haben, bevor man überhaupt die Scheidung beantragen kann. In Österreich ist ein halbes Jahr ausreichend und in der Schweiz gibt es keine bestimmte Trennungszeit, wenn beide Partner die Ehe beenden wollen.

Eine Ausnahme – sprich: eine sofortige Scheidung ohne Trennungszeit – besteht nur dann, wenn die Fortsetzung der Ehe eine unzumutbare Härte darstellen würde, weil der andere Partner sich völlig ungehörig und entwürdigend benimmt (beispielsweise bei Drogenmissbrauch oder Misshandlungen). In Österreich ist eine sofortige Scheidung allerdings auch in diesem Fall nicht möglich.

Wollen beide Eheleute die Scheidung, müssen sie sich vor Einreichung des Antrags über die wichtigsten Scheidungsfolgen einigen. Das bedeutet, sie müssen die Fragen geklärt haben, wer das Sorgerecht für die gemeinsamen Kinder bekommt und bei wem sich diese überwiegend aufhalten werden, wer Unterhalt für die Kinder und den sich um sie kümmernden Elternteil zahlt, wer in der Wohnung bleibt und wie das eheliche Vermögen aufgeteilt werden soll. Wenn eine Einigung über diese Punkte nicht gelingt, muss Klage erhoben und die Entscheidung darüber dem Richter überlassen werden. Sonst ist eine Scheidung nicht möglich.

Will sich nur einer der Ehepartner scheiden lassen und der andere nicht, dann muss derjenige, der die Auflösung der Ehe wünscht, dem Gericht einen Scheidungsgrund (wie zum Beispiel Untreue) mitteilen und beweisen, dass die Ehe gescheitert ist. Wenn ihm das gelingt, kann er selbst gegen den Willen des anderen geschieden werden.

Leben die Ehepartner schon seit mehr als drei Jahren getrennt (Schweiz: seit 1. Juni 2004 nur noch zwei statt vier Jahre), kann einer der beiden auch ohne Angabe von Gründen die Scheidung verlangen. Die Ehe kann dann ebenfalls gegen den Willen des anderen Partners geschieden werden.

Zum Scheidungstermin müssen beide Ehepartner persönlich vor Gericht erscheinen. Sie werden vom Richter gefragt, seit wann sie getrennt leben, ob die Ehe tatsächlich gescheitert ist und ob die oben angesprochenen Punkte geklärt sind. Dann verkündet der Richter das Scheidungsurteil. Damit ist das Ehepaar geschieden, außer wenn eine der zwei Parteien dagegen Berufung einlegt, was grundsätzlich möglich ist.

Interessant sind folgende Aspekte:

> *Ehepaare im Westen Deutschlands lassen sich häufiger scheiden als Paare im Osten, was auf unterschiedliche frühere sozialpolitische und rechtliche Hintergründe zurückgeführt wird.*

> *Auf dem Land lebende Eheleute landen seltener vor dem Scheidungsrichter als in Städten lebende Paare. Hier scheint noch die Bedeutung der Ehe als traditioneller Wert eine Rolle zu spielen.*

> Berufstätige Frauen beschließen öfter, getrennte Wege von ihrem Ehemann zu gehen, als Hausfrauen.

> Überhaupt reichen Frauen häufiger die Scheidung ein als Männer, was unter anderem mit ihrer besseren Rechtsstellung im Vergleich zu früher und ihren gestiegenen Ansprüchen an die Qualität von zwischengeschlechtlichen Beziehungen zusammenhängen dürfte.

> Mit steigender Bildung und Einkommen der Paare werden Scheidungen seltener. Das hat neben anderen Gründen mit den höheren Alltagsbelastungen in den unteren Schichten zu tun.

> Auch Kinder stellen kein Scheidungshindernis mehr dar: Insgesamt waren im Jahr 2002 in Deutschland über 160 000 Kinder unter achtzehn Jahren (Österreich: rund 18 000, Schweiz: rund 13 000) von der Scheidung ihrer Eltern betroffen. Und da ist noch gar nicht die Zahl der Kinder, deren Eltern nicht verheiratet sind und sich trennen, mit eingerechnet. Wenn dieser Trend anhält, wird einigen Hochrechnungen zufolge in den kommenden Jahren bereits ungefähr jedes dritte Kind im deutschsprachigen Raum die Trennung seiner Eltern miterleben.

WAS BEDEUTEN DIE BEGRIFFE KINDESWOHL, SORGERECHT UND UNTERHALTSPFLICHT?

Für die Grundrechte der Kinder gibt es seit 1989 ein weltweites Gesetz: die UN-Konvention über die Rechte des Kindes. Dort steht unter Artikel 3 Folgendes zu lesen: *»Bei allen Maßnahmen, die Kinder betreffen, gleichviel ob sie von öffentlichen oder privaten Einrichtungen der sozialen Fürsorge, Gerichten, Verwaltungsbehörden oder Gesetzgebungsorganen getroffen werden, ist das* ***Wohl des Kindes*** *ein Gesichtspunkt, der vorrangig zu berücksichtigen ist.«*

Das bedeutet »übersetzt«: Die Gesellschaft (einschließlich deiner Eltern) muss dafür sorgen, dass dein Recht auf Befriedigung deiner Bedürfnisse, das dir als Kind zusteht, auch eingehalten wird. So theoretisch, so gut. Leider sieht es damit in der Praxis anders aus. Denn da der Begriff **»Kindeswohl«** (und damit die Art und der Umfang deiner Bedürfnisse) vorläufig nirgendwo im Gesetzbuch genauer definiert wird, liegt es vor allem in der Auslegung der jeweiligen Person – Mutter, Vater, Rechtsanwalt, Richter, Vertreter des Jugendamts – was darunter zu verstehen ist. Gerade die Scheidungsanwälte deiner Eltern werden bei der Gerichtsverhandlung natürlich, auch wenn sie vorgeben dabei das »Wohl des Kindes« im Auge zu haben, immer im Sinn desjenigen Elternteils vorgehen, den sie selbst vertreten. Aus diesem Grund sprechen sich viele Kinderschutzverbände, Rechtsexperten und Psychologen dafür aus, dass es in bestimmten Fällen eigene fachkundige Anwälte für die Kinder geben soll, die deren Sichtweise und Interessen vertreten sollen.

Besonders heikel wird es, wenn es um Sorgerechtsstreitigkeiten geht. Das Wort **»Sorgerecht«** wird fast immer im alltäglichen Sprachgebrauch verwendet. Aber leider bringt es im Gegensatz zu den rechtskundlichen Begriffen eine ziemlich egoistische Auffassung zum Ausdruck. Es kommt einem nämlich so vor, als ob es hier nur um die Frage geht, wessen Eigentum das Kind ist und wer über es verfügen darf.

Im Gesetzbuch hingegen ist die Rede von **»elterlicher Sorge«** oder **»Obsorge«**. Diese Bezeichnungen klingen vielleicht »unmodern«, sind aber treffender für das, wofür sie eigentlich stehen: die Rechte, aber vor allem die Verantwortung und die Pflichten, die die Eltern gegenüber ihren Kindern haben, also Fürsorge und Hilfestellung. Beim Sorgerecht geht es daher um die Fragen: Wer trägt für dich die Verantwortung? Wer darf und muss Entscheidungen über dein Leben und dein Vermögen treffen, solange du minderjährig bist?

Während früher nach der Scheidung nur einem Elternteil das Sorgerecht für die Kinder zugesprochen wurde, können heute beide Eltern die gemeinsame Obsorge auch nach Auflösung der Ehe weiterführen. Sie müssen sich aber einig sein, bei wem die Kinder ihren Lebensmittelpunkt haben, sprich: wohnen sollen. Kommt keine Einigung zustande, entscheidet das Gericht. Dieses prüft, in welchen räumlichen und wirtschaftlichen Verhältnissen der Elternteil lebt, der das Sorgerecht fordert, wie sehr er sich bisher an der Kinderbetreuung beteiligt hat, ob ihm die Versorgung der Kinder uneingeschränkt möglich ist, in welchem Ausmaß er über die Bereitschaft und Fähigkeit verfügt, Verantwortung für die Kinder zu übernehmen, und wie stark seine gefühlsmäßige Bindung zu ihnen wirklich ist (siehe auch S. 50).

Die Gerichte entscheiden grundsätzlich zugunsten des gemeinsamen Sorgerechts, wenn es möglich ist und beide Elternteile damit einverstanden sind. Das ist nicht als Zwangsbeglückung gedacht, sondern um beiden Elternteilen die Chance zu geben, ihre gemeinsame Verantwortung für die Kinder aufrechtzuerhalten. Eltern sollen auch nach der Trennung und Scheidung Eltern bleiben. Voraussetzung ist aber, dass die gemeinsame Obsorge gut für die Kinder ist. Die Eltern sollten sich also schon vorher absprechen, bei wem die Kinder hauptsächlich leben werden, und bereit sein, auch weiterhin in Kontakt zu bleiben. In Österreich gilt das gemeinsame Sorgerecht nur, wenn beide Elternteile es ausdrücklich wünschen.

Das alleinige Sorgerecht wird in Deutschland einem Elternteil von den Gerichten nur dann zugesprochen, wenn dies zum »Wohl des Kindes« unbedingt notwendig ist. Mit anderen Worten, wenn der (Ex)Partner tatsächlich nicht in der Lage ist, das gemeinsame Sorgerecht auszuüben, beispielsweise weil er im Ausland lebt oder im Gefängnis sitzt. »Einfache« Meinungsverschiedenheiten reichen dafür normalerweise nicht aus. Das Gesetz verlangt von den Partnern, dass sie Persönliches von elterlichen Angelegenheiten trennen. In extremen Fällen kann es geschehen, dass weder Mutter noch Vater das Sorgerecht erhalten. Das Kind hat dann die Möglichkeit, an einem »neutralen« Ort, zum Beispiel bei Groß- oder Pflegeeltern, in einer Wohngemeinschaft oder in einem Heim, zu leben.

Der Unterschied zwischen gemeinsamem und alleinigem Sorgerecht sieht im Detail so aus: Beim **»gemeinsamen Sorgerecht«** entscheiden beide Eltern gleichrangig. Sie müssen sich bei besonders wichtigen Angelegenheiten einigen, außer in bestimmten Notfällen, etwa wenn du gerade einen Unfall hattest und sofort operiert werden musst. Solche Entscheidungen betreffen zum Beispiel deinen Wohnsitz, deinen Unterhalt, Schulwahl, Ausbildung und Berufswahl. Bei alltäglichen Angelegenheiten kann jeder einzeln entscheiden, ohne sich erst mit dem anderen Elternteil zu beraten und dann einigen zu müssen. Das betrifft zum Beispiel die Organisation deines Alltags, Freizeitgestaltung, Kleidung, Hausaufgaben, normale Arztbesuche.

Wer das **»alleinige Sorgerecht«** hat, darf über all das allein entscheiden. Der (ehemalige) Partner muss und darf nicht mitbestimmen. Man entscheidet nicht nur alle Angelegenheiten allein, sondern man trägt dafür auch die komplette Verantwortung.

Nicht verheiratete Mütter haben das alleinige Sorgerecht. Es besteht jedoch die Möglichkeit, ein gemeinsames Sorgerecht zu erhalten. Falls sich die Mutter dann später von ihrem Partner trennt, gilt dasselbe wie bei verheirateten Paaren.

Grundsätzlich haben alle Eltern eine **Unterhaltspflicht** gegenüber ihren minderjährigen Kindern zu leisten, unabhängig davon, ob sie verheiratet sind oder nicht. Das gilt ebenso gegenüber ihren volljährigen Kindern, wenn sie noch zu Hause bei einem Elternteil wohnen und in die Schule gehen, und selbst wenn sie ausgezogen sind, bis zum Abschluss ihrer Berufsausbildung oder eines Studiums.

Bei Scheidungskindern ist die Angelegenheit folgendermaßen geregelt: Derjenige, bei dem du nicht lebst, zahlt den Unterhalt, und derjenige, bei dem du lebst, erfüllt seinen Beitrag dadurch, dass er für deine körperliche und seelische Gesundheit und deine Erziehung sorgt. Mit achtzehn Jahren bist du erwachsen und kannst über alles selber entscheiden. Derjenige, bei dem du lebst, leistet weiterhin seinen Unterhalt dadurch, dass er dir den Wohnraum zur Verfügung stellt und dich verpflegt. Nur wenn du ausziehst, müssen beide Elternteile Unterhalt zahlen. Die Höhe des Unterhaltes richtet sich nach dem Alter des Kindes und nach dem Einkommen des Zahlungspflichtigen. Wenn es dich interessiert, um welche Beträge es sich in Deutschland dabei in etwa handelt, kannst du in der so genannten Düsseldorfer Tabelle nachschauen (www.olg-duesseldorf.nrw.de/service/ddorftab/intro.htm).

WELCHE RECHTE UND MÖGLICHKEITEN DER MITBESTIMMUNG HABE ICH?

Gegenüber allen Kindern, die von der Scheidung ihrer Eltern betroffen sind, sollten nach Ansicht von Familienrechtsexperten und Familienpsychologen generell folgende Grundrechte gewahrt werden:

> Du hast das Recht, als eine eigenständige Person behandelt zu werden und nicht als Spielball oder Eigentum eines oder beider Elternteile.

> Du hast das Recht auf Liebe, körperliche und seelische Fürsorge, Erziehung und Schutz durch denjenigen, der das Sorgerecht besitzt (im Fall des gemeinsamen Sorgerechts betrifft das beide Elternteile).

> Du hast das Recht, den nicht sorgeberechtigten Elternteil zu kennen und regelmäßigen Kontakt zu ihm zu haben.

> Du hast das Recht auf eine positive und förderliche Beziehung zu Mutter und Vater. Sie dürfen sich gegenseitig nicht vor dir herabsetzen und müssen imstande und gewillt sein, ihre eigenen Konflikte in deinem Interesse zurückzustellen.

> Du hast das Recht auf die bestmöglichen ökonomischen Lebensbedingungen, die durch die ernsthafte Bemühung beider Elternteile geschaffen werden können.

> Du hast das Recht auf dieselben Bildungschancen, die du haben würdest, wenn deine Familie nicht auseinander gebrochen wäre. Das beinhaltet auch Anregung zu Neugier und Freude am Lernen, Förderung deines kreativen Potenzials, Befriedigung deiner kulturellen Bedürfnisse und die Ermöglichung erfolgreicher schulischer Leistungen – ohne Leistungsdruck.

> Du hast das Recht auf moralische und ethische Werte, die durch Vorbildwirkung und geeignete Erziehungsmethoden gefördert werden sollen. Es soll darauf geachtet werden, dass du Selbstständigkeit, Selbstkontrolle und Selbstdisziplin entwickelst und Folgen von Gesprächen und Handlungen abzuschätzen lernst.

> Du hast das Recht auf eine erneute Überprüfung des Sorgerechtes, des Besuchsrechtes und der Unterhaltsregelung, wenn die Lebensumstände deiner Eltern und dein Wohl das als notwendig erscheinen lassen.

> Du hast das Recht auf Anerkennung deiner Bedürfnisse, auch wenn deine Eltern getrennt leben. Das Gesetz muss unter Umständen Maßnahmen zu deinem

Wohl ergreifen, die eine Untersuchung zur Bestimmung deiner Interessen und die Berufung eines Beistands zu deren Schutz umfassen sollen (vgl. S. 69).

Und wo hast du konkret ein Wörtchen mitzureden?

Kinder **ab dem zehnten Lebensjahr** dürfen zwar bei Uneinigkeit der Eltern nicht über die Sorgerechtsregelung mitentscheiden, aber sie haben grundsätzlich die Möglichkeit, angehört zu werden, damit ihre Sichtweise vom Richter bei seinem Urteil berücksichtigt wird.

Die Befragung – oder zumindest ein Teil davon – findet in der Regel nicht in Gegenwart der Eltern statt, um eventuelle Beeinflussungsversuche von ihrer Seite zu vermeiden.

Wenn du schon **vierzehn Jahre alt** bist, darfst du auf jeden Fall vorschlagen und auch selber einen Antrag stellen (siehe auch S. 62), wer das Sorgerecht für dich bekommen soll. In einigen Fällen trifft das Gericht dann letztlich doch eine andere Entscheidung als jene, die du gefällt hast, etwa dann, wenn erwiesen ist, dass der betreffende Elternteil die Obsorgepflicht nicht erfüllt. Das kann zum Beispiel sein, wenn bei ihm eindeutig Suchtprobleme nachzuweisen sind oder er sehr häufig unterwegs ist, sodass du tagelang allein wärst. Im Notfall kannst du dich an das Jugendamt wenden und dann vom Vormundschaftsgericht angehört werden.

Vielleicht ist es aber auch so, dass deine Eltern es dir von vornherein überlassen wollen, zu entscheiden, wer das Sorgerecht bekommen und bei wem du folglich leben möchtest. Das solltest du jedoch nur tun, wenn du es auch wirklich möchtest und dich nicht von der Situation überfordert fühlst. Deine Eltern sollten nicht versuchen, auf diese Weise ihre Verantwortung auf dich abzuwälzen.

WAS ERWARTET MICH BEI EINER ANHÖRUNG?

Wahrscheinlich bereitet dir der Gedanke an die Befragung von einem Richter oder einer anderen Autoritätsperson Angst oder zumindest Nervosität. Du stellst dir vielleicht vor, man will dich dabei auf Herz und Nieren überprüfen oder verhören wie einen Geheimagenten, oder du befürchtest, du könntest mit deinen Aussagen deinen Eltern schaden. Aber das Gericht möchte dir nichts Böses zufügen, im Gegenteil: Es ist eine Institution, die vom Staat extra für solche Angelegenheiten eingesetzt wurde, und es möchte für dein Wohlergehen sorgen, auch wenn es ein Urteil über deine Eltern fällen muss. Ihm ist es wichtig, für dich die bestmöglichen Lebensbedingungen deinem Alter und den jeweiligen Bedürfnissen entsprechend zu schaffen.

Mach dir auch klar, dass du nicht der einzige Jugendliche bist, der in dieser Sache zu den Richtern kommt. Sie haben tagtäglich mit ähnlichen Fällen zu tun und können sich in deine Lage hineinversetzen.

Wenn du befragt wirst, dann geschieht das sehr behutsam. Man wird dich, wenn du noch nicht alt genug bist, um selbst zu entscheiden (siehe S. 50), auch nicht direkt fragen, mit wem du lieber zusammenleben möchtest, sondern euer Gespräch wird sich vielmehr um deinen Alltag drehen, zum Beispiel wie es dir in der Schule gefällt, was du mit deinen Freunden unternimmst und welche Hobbys du hast. Du sollst auf keinen Fall beeinflusst oder unter Druck gesetzt werden.

Das gilt übrigens auch für deine Eltern. Wenn dich deine Mutter oder dein Vater vor der Anhörung »präparieren« wollen, etwa durch Aufforderungen wie: »Du brauchst dem Richter nur zu sagen, dass du lieber bei mir bleiben willst«, oder indem sie mit dir irgendwelche Sätze einstudieren, ist das ein klarer Beeinflussungsversuch. Auch »Bestechungen« mit Geld oder Geschenken oder Versprechungen oder Drohungen (»Wenn du …, wirst du mich nicht mehr sehen«) sind unmoralisch und nicht in Ordnung. Lass dir nichts einreden, was du nicht selbst denkst oder möchtest!

Das ist jetzt natürlich leichter gesagt als getan, weil du wahrscheinlich im Augenblick unsicher bist und niemandem wehtun möchtest. Trotzdem, vergiss nicht: Es ist dein Leben und du hast das Recht, vor Gericht deine Meinung beziehungsweise deine Wünsche hinsichtlich des Sorgerechts frei zu äußern.

In manchen Fällen von Sorgerechtsstreitigkeiten kommt es vor, dass dem Richter Zweifel hinsichtlich des Kindeswohls (siehe S. 44) kommen und er darum vor Fällung des Urteils eine Fachmeinung einholt. Ein Sachverständiger, meist ein Psychologe für Kinder und Jugendliche, wird von ihm beauftragt ein Gutachten zu verfassen. Dafür lädt dieser deine Eltern, dich und – wenn vorhanden – deine Geschwister zu einem Gespräch ein, um Genaueres über euch und eure Lebensumstände zu erfahren. Ihr werdet, das ist von Fall zu Fall verschieden, entweder gemeinsam oder getrennt voneinander befragt. Der Gutachter liefert mit dem Gutachten eine Informationsgrundlage für den Richter. Oft wird auch das Jugendamt ersucht, die familiäre Situation einzuschätzen und eine Stellungsnahme abzugeben. Doch erst der Richter trifft dann die endgültige Entscheidung. Solche Verfahren sind allerdings sehr aufwändig und können sich manchmal über Jahre hinweg ziehen.

WO BEKOMME ICH INFORMATIONEN ÜBER MEINE RECHTE?

Wenn du nähere Auskunft über deine Rechte einholen willst, kannst du dich beispielsweise an das für deinen Wohnort, Bezirk oder Kreis zuständige **Jugendamt** (Amt für Jugend und Familie) wenden. In Österreich gibt es insbesondere als wichtige Anlaufstelle die Kinder- und Jugendanwaltschaft (www.kija.at). Adressen von anderen Einrichtungen und Beratungsstellen, die dir kostenlos weiterhelfen, wie beispielsweise der Deutsche Kinderschutzbund, findest du im Anhang ab Seite 107.

Manche Vereine bieten übrigens spezielle Programme zur Scheidungs- und Trennungsbegleitung für Kinder und Jugendliche – und auch ihre Eltern – an. Frag deine Eltern ruhig, ob sie mitkommen möchten – vorausgesetzt, du willst nicht lieber alleine gehen. Auf diese Weise zeigst du ihnen außerdem, dass du selbst Initiative ergreifst und nach Wegen suchst, die euch diese schwierige Situation erleichtern können.

WAS IST MEDIATION?

Mediation bedeutet »Vermittlung« und wird von sozialen Einrichtungen, aber auch von privaten Praxen angeboten. Es handelt sich dabei um ein freiwilliges, außergerichtliches Verfahren zur Konfliktregelung, also eine Form von Streitschlichtung ohne Richter.

Mediation ist in vielen Bereichen einsetzbar: bei Konflikten zwischen Arbeitskollegen, zwischen Nachbarn oder eben auch in der Familie. Im Bereich der Trennungs- und Scheidungsmediation wird in Fragen wie Sorgerechts- und Besuchsregelungen, Ehepaar- und Kindesunterhalt (siehe S. 44) und Ähnlichem zwischen den Ehepartnern, aber auch zwischen den betroffenen Kindern und Jugendlichen vermittelt.

Aufgabe der Mediatoren ist es nicht, eine Rechtsberatung oder Therapie durchzuführen, auch wenn sie meist über eine Ausbildung auf diesen Gebieten verfügen. Sie versuchen in erster Linie Aggressionen zwischen Streithähnen zu vermindern, Sachlichkeit in den Konflikt zu bringen und auf Lösungen hinzuarbeiten.

Das Verfahren eignet sich für all jene Paare, die zu objektiven Gesprächen fähig und dazu bereit sind, die Verantwortung für ihre Probleme zu übernehmen, aber eine dritte Person brauchen, die mit Konflikten umgehen kann und mit den Beteiligten eine möglichst zufrieden stellende Lösung erarbeitet. Dazu sind mehrere Sitzungen nötig. Die Mediatoren verhalten sich neutral und sind zur Verschwiegenheit verpflichtet. Alle Beteiligten müssen Interesse an der Beendigung des Konfliktes haben. Das Ergebnis wird dann zu einer gemeinsamen Scheidungsvereinbarung zusammengefasst, die von einem Rechtsexperten überprüft und in bestimmten Fällen von einem Notar beglaubigt wird. Nach Abschluss der Mediation beauftragt einer der beteiligten Ehepartner einen Rechtsanwalt mit der Einreichung der einvernehmlichen Scheidung beim Familiengericht. Die erarbeitete Vereinbarung gilt dann vor Gericht als Grundlage für die Scheidung.

Du selbst wirst, wenn überhaupt, kaum von Anfang an an einer solchen Mediation teilnehmen, weil es in der Hauptsache um den Streit zwischen deinen Eltern geht und du da nicht hineingezogen werden sollst. Erst wenn der Konflikt zwischen den beiden geschlichtet wurde, kann es sein, dass du auch zu einem Gespräch eingeladen wirst.

Für deine Eltern ist diese Methode auf jeden Fall eine Chance, ihre Scheidungsprobleme in den Griff zu bekommen. Vielleicht kannst du sie ja darauf aufmerksam machen, wenn sie noch nichts davon gehört haben. Eines ist dabei aber ganz wichtig: Jeder muss sich aus freien Stücken dazu entschließen. Mediation beruht auf absoluter Freiwilligkeit, anders funktioniert sie nicht.

Neue Wege in Sachen Scheidung geht man übrigens in Amerika mit dem »Collaborative-Law«-Modell: Dabei verhandeln die Noch-Ehepartner mit ihren Anwälten am runden Tisch einen außergerichtlichen Scheidungsvergleich. Wenn dieser am Schluss ohne Ergebnis bleibt, sind die Anwälte automatisch von einem späteren, für sie unter Umständen sehr rentablen Gerichtsverfahren ausgeschlossen. Auf diese Weise will man mehr Druck auf eine gemeinsame Lösung von Konflikten ausüben.

WIE SCHAFFE ICH ES, MICH VON KEINER SEITE BENUTZEN ZU LASSEN?

Wenn der Streit zwischen deinen Eltern in einen »Rosenkrieg« zu eskalieren droht oder schon eskaliert ist und sie selbst nicht vor Versuchen zurückschrecken, dich für ihre Zwecke einzuspannen, lass dich unter keinen Umständen darauf ein! Auch nicht wenn dich die Panik erfasst, du könntest Mutter oder Vater dadurch verlieren. Erstens ist das ein Irrglaube und zweitens wirst du deine Angst so schon gar nicht los, ganz im Gegenteil: Du gerätst auf diese Weise erst recht in eine schreckliche Zwickmühle, weil du dich dann zusätzlich mit Schuldgefühlen gegenüber dem anderen Elternteil herumschlagen wirst. Halte dich aus allen Streitereien zwischen deinen Eltern raus! Es wird dir nicht immer gelingen, aber versuch es wenigstens. Auch wenn ein Elternteil dir etwas anderes weismachen oder dich mit irgendwelchen Scheinargumenten oder Angeboten ködern will: Folgende Gebote solltest du – im Interesse aller Beteiligten – beherzigen:

DU BIST KEIN RICHTER ODER ANWALT

Wenn ein Elternteil dich auffordert, in einer Streitsache zwischen Mutter und Vater in irgendeiner Form Partei für einen der beiden zu ergreifen, widersetz dich!

Beispiel: Deine Eltern haben in deiner Gegenwart eine heftige Auseinandersetzung. Beide tragen dir ihren Standpunkt und ihre Argumente vor und fordern dich auf, deine Meinung dazu abzugeben. Oder: Einer der beiden weist dich und deine Geschwister (wenn du welche hast) an, Situationen aufzuzählen, in denen der andere Elternteil dich und deine Geschwister vernachlässigt hat. Hier darfst und sollst du auch klar und deutlich NEIN sagen!

DU BIST KEIN BOTENDIENST

Wenn ein Elternteil dich dazu benutzen will, dem anderen irgendetwas auszurichten, das ihre Auseinandersetzungen betrifft (etwa: »Sag deiner Mutter, dass sich ihr Freund nicht in unsere Angelegenheiten einmischen soll!« oder »Teil deinem Vater mit, dass ich diesen Monat noch kein Geld bekommen habe!«), darfst du dich weigern, denn schließlich können die beiden das selber klären. Das ist wirklich nicht deine Sache.

DU BIST KEIN SPITZEL ODER KOMPLIZE

Wenn ein Elternteil versucht dich auszuhorchen, um etwas über den (Ex)Partner herauszubekommen, oder ihn mit Informationen zu beliefern (zum Beispiel: »Pass doch bitte auf, ob Papa wieder einen Anruf von dieser Frau bekommt!« oder »Woher hat Mama denn das Geld für diese Sachen?«), weise ihn in seine Schranken. Auch zu Heimlichtuerei sollten sie dich nicht anstiften. Unehrlichkeiten, die du ablehnst und für die du dich vielleicht auch noch schämen musst oder bei denen du dich wie ein Verräter fühlst, darf kein verantwortungsvoller Mensch von seinen Kindern verlangen.

DU BIST KEINE WARE ODER FAUSTPFAND

Wenn du mitbekommst, dass ein Elternteil mit dem anderen um dich handeln will oder ihn schlichtweg erpresst (»Du darfst dein Kind nur sehen, wenn ...«), wenn sie dich als Kampfgegenstand missbrauchen (»Schau nur, was deine Erziehung bei dem Kind anrichtet«; »Bevor du die Kinder bekommst, mache ich dich fertig«), dann mach ihn darauf aufmerksam, dass du kein nützliches Tauschobjekt oder Streitargument, sondern ein menschliches Wesen mit Gefühlen und eigenen Bedürfnissen bist.

DU BIST KEIN VERFÜHRUNGSOBJEKT

Wenn ein Elternteil versucht den anderen auszustechen, um besser vor dir dazustehen, indem er dich zum Beispiel mit allen möglichen Geschenken überhäuft, wirst du dich wahrscheinlich kaum darüber beschweren. Aber kann es sein, dass du doch irgendwie einen bitteren Nachgeschmack dabei verspürst? Immerhin handelt es sich hier im Grunde um einen Versuch, dich zu bestechen, deine Kritikfähigkeit herabzusetzen. Jemand will sich deine Zuneigung erkaufen, anstatt sich wirklich mit dir auseinander zu setzen. Auch wenn dir deine Mutter oder dein Vater einen Herzenswunsch erfüllt oder dir irgendetwas Tolles verspricht und im Gegenzug dafür erwartet, dass du auf die Frage: »Wen hast du lieber?« antwortest: »Dich natürlich!«, ist das nicht in Ordnung. Allein diese Frage stellt schon eine Rücksichtslosigkeit dar, weil du dadurch in einen schlimmen Gewissenskonflikt gestürzt werden kannst.

Auch wenn es dir sehr schwer fällt: Du darfst bei solchen übertriebenen Forderungen NEIN sagen, darfst dich gegen Bestechungs- und Erpressungsversuche wehren, ja du musst sogar Grenzen setzen, wenn du nicht völlig in diesem Nervenkrieg aufgerieben werden möchtest. Zu friedliebend zu sein kann auch schädliche Wirkungen hervorrufen. Falls es dir wieder einmal zu bunt wird, könntest du deinen Eltern zum Beispiel Folgendes sagen: »Ich mag euch beide wirklich sehr – auch wenn ihr euch unmöglich benehmt –, aber ich lasse mich von euch nicht in einem Kampf benutzen, der nicht mein eigener ist. Haltet mich da ein für alle Mal raus! Es tut mir zwar furchtbar weh, dass ich nicht mehr mit euch beiden zusammen sein kann, aber ich wäre wirklich erleichtert, wenn ihr endlich aufhört zu streiten und ich wenigstens die Möglichkeit habe, mit einem von euch in Frieden zu leben.«

Wusstest du, dass …

… der Begriff ***»Rosenkrieg«*** *ursprünglich auf gewaltsame Auseinandersetzungen im 15. Jahrhundert zurückgeht, die ganz England ins Chaos stürzten? Damals kämpften das Haus Lancaster, das in seinem Wappen eine rote Rose führte, und das Haus York, dessen Wappen eine weiße Rose zierte, um die königliche Thronfolge.*

Dass das Wort heute meist in Zusammenhang mit auf die Spitze getriebenen Streit-Scheidungen verwendet wird, ist dem amerikanischen Spielfilm »Der Rosenkrieg« nach einem Roman von Warren Adler zu verdanken. In dieser rabenschwarzen Komödie aus dem Jahr 1989 liefert sich das Ehepaar Barbara und Oliver Rose (gespielt von Kathleen Turner und Michael Douglas) eine wahnwitzige Scheidungsschlammschlacht, die bitterböse endet.

WO IST MEIN PLATZ?

Wenn du plötzlich zwei Zuhause hast

Wir sind nicht nur für unser Tun verantwortlich, sondern auch für das, was wir nicht tun.

Molière

Eine Trennung bildet nicht nur einen Einschnitt in das Leben deiner Eltern, sondern natürlich auch in dein eigenes. Vieles kann sich nun ändern. Da geht es zum Beispiel um die Frage nach deinem künftigen Wohnsitz. Bleibst du mit einem Elternteil in eurer alten Wohnung oder werdet ihr umziehen? Wenn du das schon selbst mitbestimmen darfst, wie sollst du dich dann bloß entscheiden ohne jemandem wehzutun? Und wie wird das überhaupt alles werden – mit der Mutter hier und dem Vater dort?

Zwar wird jetzt vermutlich weniger gestritten, dafür fühlst du dich nun öfters innerlich zerrissen. Es tut weh, keine »richtige« Familie mehr zu sein. Trotzdem musst du nicht gleich alle Hoffnungen begraben. Auch wenn es am Anfang einige Mühe kostet, zu jedem Elternteil eine neue Beziehung aufzubauen und dein Leben plötzlich auf zwei Orte zu verteilen, wirst du nach und nach dein Gleichgewicht wiederfinden. Das braucht einfach seine Zeit.

Wahrscheinlich überkommt dich nun auch manchmal die Angst, du könntest endgültig den Kontakt zu dem getrennt von dir lebenden Elternteil verlieren. Zugegeben: Diese Befürchtung ist nicht ganz unrealistisch. Nicht wenige Mütter oder Väter brechen irgendwann die Verbindung zu ihren Kindern ab, zum Beispiel weil sie vom anderen Elternteil immer wieder daran gehindert werden, die Kinder zu sehen (obwohl dieser das im Normalfall vom Gesetz her gar nicht darf), oder weil nicht genug miteinander kommuniziert wird und dadurch eine Entfremdung eintritt.

Wenn Enttäuschungen und neuerliche Verletzungen zwischen euch vermieden werden sollen, ist es deshalb ungeheuer wichtig, dass alle von der Trennung betroffenen Mitglieder deiner Familie (du eingeschlossen) erkennen, aktiv etwas für eure Beziehung tun zu müssen. Flexibilität und die Bereitschaft, miteinander – nicht gegeneinander – zu reden und zu arbeiten, sind gefragt.

Das Besuchsrecht bildet die gesetzliche Grundlage für euch, den Kontakt miteinander aufrechtzuerhalten. Was ihr daraus macht, liegt in eurer Hand.

Tipps, wie du die beschriebenen Fragen und Probleme in den Griff bekommen kannst, findest du auf den folgenden Seiten.

BEI WEM WILL ODER SOLL ICH JETZT WOHNEN?

Wenn du deinen vierzehnten Geburtstag bereits hinter dir hast, darfst du mitentscheiden, welchem Elternteil das Sorgerecht für dich übertragen werden soll und bei wem du nach der Scheidung leben willst (siehe dazu auch S. 50). Vorher solltest du für dich gründlich alle Vor- und Nachteile der jeweiligen Varianten durchgehen.

Wenn du dabei Unerstützung brauchst, rede mit jemandem darüber (siehe S. 107).

Hier eine kleine Checkliste mit den wichtigsten Fragen, die du dir beantworten solltest:

> Wie wichtig ist es dir, dein bisheriges Umfeld zu erhalten? (Denk dabei an deine Freunde, eure gemeinsamen Treffpunkte, deine Schule, deinen Sportverein, deine Musikgruppe usw., die du wahrscheinlich nicht so leicht aufgeben wollen wirst. Wenn du in deiner jetzigen Umgebung allerdings sehr unglücklich bist, wäre ein Umzug unter Umständen vielleicht gar nicht das Schlimmste, sondern eine Chance für einen völligen Neuanfang.)

> Möchtest du mit deinen Geschwistern zusammenbleiben? (Wenn sie nicht auch schon über vierzehn sind und selbst bestimmen dürfen, liegt es an dir, zu entscheiden, ob du weiterhin gemeinsam mit deinen Geschwistern aufwachsen willst.)

> Welcher Elternteil ist mehr für dich da und geht mehr auf deine Person ein?

> Welcher Elternteil unternimmt am häufigsten etwas mit dir?

> Welcher Elternteil lässt dir mehr Freiraum?

Eines solltest du bei deinen Überlegungen bedenken: Nicht immer ist derjenige Elternteil, der dich mit dem meisten Taschengeld und den coolsten Dingen ausstattet und wo immer alles ganz locker und kunterbunt hergeht, auch der für die Alltagsbewältigung am besten geeignete. Das gilt natürlich ebenso für Eltern, die dich für ihre Verhältnisse übertrieben knapp bei Kasse halten, extrem streng und kontrollsüchtig sind und ständig an dir kleben, weil sie einfach nicht loslassen können.

Und noch etwas: Es gibt auch Jugendliche, die zuerst zwei, drei Jahre bei ihrer Mutter leben und dann beschließen doch lieber zu ihrem Vater zu ziehen (und umgekehrt). Ein späterer Wechsel ist also grundsätzlich möglich. Du musst dir nur darüber im Klaren sein, dass dieses Hin und Her zwischen Freunden, Schulen und allem anderen, das zu deinem Leben dazugehört, auch ziemlich belastend für dich sein kann.

Was aber, wenn du am liebsten weder zu deiner Mutter noch zu deinem Vater ziehen möchtest? Solange du minderjährig bist und ein oder beide Elternteile das Sorgerecht für dich haben, haben sie auch ein Recht, über deine weitere Unterbringung mit zu entscheiden. Ohne ihre Einwilligung geht also nichts. Außer es liegen schwer wiegende Gründe wie etwa körperliche Misshandlungen oder Alkoholprobleme vonseiten deiner Eltern vor. Dann solltest du dich zu deinem eigenen Schutz an das nächste Jugendamt wenden. Dort wird man dir zuhören, dich ernst nehmen und dir helfen, für einige Zeit in einem Heim, einem Krisenzentrum oder einer Wohngemeinschaft unterzukommen, bis deine Eltern sich geeinigt haben und ihr eine zufrieden stellende Lösung gefunden habt.

WIE SAGE ICH ES MEINEN ELTERN?

Wenn dich deine Eltern fragen, zu wem von ihnen beiden du ziehen möchtest, ist das sicherlich keine angenehme Situation. Schließlich magst du alle beide und hasst es, dich für einen entscheiden und den anderen dadurch wohl verletzen zu müssen. Es sollte daher auch vorrangig Aufgabe deiner Eltern sein, eine sinnvolle Lösung für euch zu suchen ohne dich zu belasten. Wenn sie das alleine nicht schaffen, können sie sich Hilfe und Unterstützung holen. Am besten ist es, wenn auch du dir jemanden suchst, dem du vertrauen kannst und der dein Wohl im Auge hat und dir sagt, wie du deine Wünsche artikulieren kannst ohne jemanden dabei zu verletzen. Aber du kannst natürlich deine eigenen Wünsche einbringen und sie sollten von deinen Eltern berücksichtigt werden, da es ja um deine Zukunft geht.

Es lässt sich natürlich kaum vermeiden, einem der beiden Eltern mit deiner Entscheidung wehzutun. Trotzdem darfst und solltest du in diesem Punkt wirklich ehrlich sein. Du musst dich ja dabei nicht wie der Elefant im Porzellanladen aufführen, sondern kannst behutsam vorgehen. Meistens kann man sich schon im Voraus ausmalen, wie eine bestimmte Person auf das reagieren wird, was man ihr zu sagen hat, und man sollte sich dementsprechend darauf vorbereiten.

Angenommen, der Elternteil, dem du mitteilen musst, dass du von ihm wegziehen möchtest, gehört zu der Sorte, die schnell dramatisch wird und Dinge sagt wie: »Ich hab immer alles für dich getan, mich für dich aufgeopfert und das ist nun der Dank dafür …«

Nutze die Chance, deine Wünsche mitzuteilen, denn es ist dein Leben!

Das ist natürlich eine besonders harte Situation und in diesem Fall solltest du dich am besten erst einmal für all die Zeit und den starken Einsatz, die er für dich aufgebracht hat, bedanken. Und dann versuche ihm klar zu machen, dass du jetzt mehr Raum für dich selbst brauchst und auf eigenen Füßen stehen willst. Und dass es für ihn gerade jetzt, nach der Trennung vom Ehepartner, wahrscheinlich ebenfalls ganz gut wäre, dem eigenen Leben andere, neue Inhalte zu geben.

Es gibt aber auch Menschen, die auf schlechte Nachrichten gewöhnlich mit Schweigen reagieren und aus Selbstschutz ihre Betroffenheit nicht zeigen wollen oder können. In diesem Fall ist es wichtig, jenem Elternteil deine Zuneigung stärker als sonst auszusprechen oder zu zeigen und den Grund zu erklären, warum du so entschieden hast und nicht anders. Du kannst ihn außerdem damit trösten, dass ihr euch deshalb ja nicht für immer aus den Augen verliert. Schließlich kommt es nicht nur auf die Zeitmenge an, die man miteinander verbringt, sondern vielmehr noch auf die Intensität und die Qualität.

WIE WIRD DAS BESUCHSRECHT GEREGELT?

Das Besuchsrecht, das übrigens nichts mit dem Sorgerecht (siehe S. 45) zu tun hat, wird im Gesetzbuch als »Umgangsrecht« bezeichnet. In Österreich heißt es auch »Recht auf persönlichen Verkehr«.

Durch dieses Recht soll der Kontakt zu denjenigen Personen, die dir aller Erfahrung nach besonders nahe stehen, aufrechterhalten, gepflegt und gefördert werden, etwa durch gegenseitige Besuche, durch Briefe, Telefonate oder andere Formen der Kommunikation. Folgende Personen verfügen über das Umgangsrecht: du, deine

Mutter beziehungsweise dein Vater, Großeltern, Geschwister, Stiefeltern, Pflegeeltern.

Prinzipiell ist das Besuchsrecht nicht nur das Recht deines getrennt lebenden Elternteiles, sondern es ist dein Recht, auch weiterhin Kontakt zum Vater oder zu deiner Mutter zu haben.

Wenn du jünger als vierzehn Jahre alt bist, wirst du zwar zu deinen Wünschen gefragt – wenn deine Eltern jedoch weiterhin massive Probleme miteinander haben, kann es sein, dass deinen Vorlieben nicht in dem Ausmaß entsprochen werden kann. Die meisten Eltern schaffen es jedoch, für ihre Kinder gute Regelungen zu finden – wichtig ist, dass auch deine Vorstellungen respektiert werden. Sollte das nicht der Fall sein, hol dir Hilfe!

Wenn du vierzehn Jahre oder älter bist, kannst du entweder eine Ausweitung des Besuchsrechtes oder dessen Einstellung beantragen. Möchtest du kein Besuchsrecht mehr haben, dann überleg dir diesen Schritt gut und rede mit jemandem darüber, dem du vertrauen kannst.

In jedem Fall hast du ab vierzehn Jahren die gleichen Rechte wie die Erwachsenen auch. Das Besuchsrecht sollte auch nach deinen Wünschen und Bedürfnissen gerichtet sein.

Wie oft Besuche zwischen dir und dem umgangsberechtigten Elternteil stattfinden müssen, ist gesetzlich nicht geregelt. Das hängt ganz von den jeweiligen persönlichen Umständen ab.

Wenn du den von dir getrennt lebenden Elternteil besuchst, muss er für deine Hin- und Rückfahrt, Verpflegung und Übernachtung sorgen und finanziell aufkommen. Das gilt auch dann, wenn eure Wohnorte weiter auseinander liegen.

Die Besuche sollen zwischen dir und deinen Eltern im gemeinsamen Einverständnis geregelt werden. Es ist daher wichtig für dich, genau darauf zu achten, was deine Mutter und dein Vater in dieser Angelegenheit vereinbaren, und deine Wünsche rechtzeitig anzumelden. Möglicherweise beschließen sie, es ganz dir zu überlassen, wann und ob du den betroffenen Elternteil sehen willst. Aber wenn du dich mit so einer Entscheidung überfordert fühlst, solltest du das nicht tun. Am besten trefft ihr diese Vereinbarungen alle drei gemeinsam. Auch regelmäßigen Kontakt zu deinen Großeltern und anderen Verwandten solltest du nicht vergessen.

Du solltest auf jeden Fall rechtzeitig wissen, wann die Besuchstage stattfinden, damit du dich darauf einstellen kannst. Zwar hast du bei einer flexibleren Regelung ohne genaue zeitliche Vorgaben mehr Spielraum beim Ablauf und der Gestaltung eures Treffens, andererseits kann es dadurch auch schneller zu Streitigkeiten kommen, falls die Kommunikation zwischen deinen Eltern nicht sehr gut funktioniert.

Wenn deine Eltern es nicht schaffen sollten, sich beim Besuchsrecht zu einigen, wird das Gericht unter Mitwirkung des Jugendamtes eine verbindliche Regelung für euch treffen.

Weder deine Mutter noch dein Vater dürfen verhindern, dass du mit dem jeweils anderen Kontakt hast. Du hast ein Recht darauf. Sonst können sie sich damit sogar eine Strafe vom Gericht einhandeln. Soweit es dem sorgeberechtigten Elternteil zuzumuten ist, muss er dabei behilflich sein, dass du die Beziehung zum anderen Elternteil aufrechterhalten kannst. Nur bei schwer wiegenden Gründen kann das Umgangsrecht für Mutter oder

Vater eingeschränkt oder ganz aufgehoben werden (zum Beispiel bei sexuellem Missbrauch, Suchtproblemen, Geistes- oder Nervenkrankheit und Kriminalität).

Im Fall, dass sich der sorgeberechtigte Elternteil weigert, dem anderen den Besuch möglich zu machen, kann das Besuchsrecht eventuell auch gegen dessen und auch deinen Willen durchgesetzt werden. Das ist aber selten der Fall, da meist von allen Beteiligten eine halbwegs zufrieden stellende Regelung gesucht wird.

Umgekehrt wird interessanterweise kaum ein getrennt lebender Elternteil in der Praxis je gegen seinen Willen dazu gezwungen, die Beziehung zu seinem Kind zu wahren. Obwohl er – wenn das Gericht nicht anders entschieden hat – im Grunde verpflichtet wäre, den Kontakt mit dem Kind aufrechtzuerhalten und die vereinbarten Besuche einzuhalten.

Wenn das Gericht entschieden hat und du das Gefühl hast, dass du mit der Entscheidung nicht gut zurechtkommst, dann hol dir Hilfe – es gibt sicherlich eine Lösung.

In Deutschland werden Kindern in besonders schwierigen Fällen so genannte Verfahrenspfleger zur Seite gestellt. Sie vertreten die Position des Kindes in rechtlichen Fragen und geben ihm auch anderweitig Unterstützung. Außerdem erklären sie – wenn nötig – auch den Eltern die Bedürfnisse des Kindes in dieser Situation.
In der Schweiz werden ebenfalls solche »Kinderanwälte« bereitgestellt und in Österreich gibt es Überlegungen dazu, wie man Kinder in Form einer Interessenvertretung in gerichtlichen Verfahren unterstützen kann.

Wenn du mehr darüber wissen möchtest, was so ein »Anwalt des Kindes« macht, und wo er dir vielleicht helfen kann, wende dich an den Verband Anwalt des Kindes (VAK, Adresse siehe S. 107).

Wenn du jünger als vierzehn Jahre alt bist und aus sehr triftigen Gründen nicht mit dem getrennt lebenden Elternteil zusammentreffen willst, solltest du dich entweder an denjenigen Elternteil, mit dem du zusammenwohnst, oder direkt an das Jugendamt wenden und diese Gründe dem dort zuständigen Mitarbeiter mitteilen. Deine Abneigung muss nachvollziehbar sein und auf beweisbaren Tatsachen beruhen. Dann muss das Gericht entscheiden, was weiter passiert. In manchen Fällen wird es das Besuchsrecht möglicherweise nicht ganz ausschließen, sondern einen betreuten Umgang anordnen, das heißt Besuche, bei denen eine dritte Person anwesend ist. Das ist auch möglich, wenn du deine Mutter oder deinen Vater längere Zeit nicht mehr gesehen hast und es euch Probleme bereitet, gleich offen aufeinander zuzugehen. Manche Jugendämter, Familienberatungsstellen und Kinderschutzeinrichtungen bieten auch so genannte »Kontakt«- oder »Besuchscafés« an, wo Scheidungsfamilien die Möglichkeit gegeben wird, schwierige oder abgebrochene Beziehungen wieder zu ordnen.

Wenn du bereits vierzehn bist und aus eigener Überzeugung keinen Kontakt zu dem getrennt lebenden Elternteil haben möchtest, und das gut begründest, kann dich niemand dazu zwingen. Es liegt dann ganz bei dir, aber du solltest dir diesen Schritt gut überlegen. Gerade in deinem Alter kommt es vermutlich öfter zu Streit mit deinen Eltern, doch er sollte nicht gleich damit enden, dass ihr alle Verbindungen zueinander abbrecht.

Vergiss nicht: auch für deine Eltern ist die Situation nicht leicht. Für Mutter und Vater ist es fast immer schwierig, zu akzeptieren, dass ihre Kinder langsam selbstständig und erwachsen werden.

Daddy online

In Amerika hat man vor kurzem eine neue Variante des Umgangs zwischen Scheidungskindern und ihren Eltern zugelassen: das Online-Besuchsrecht. Anlass dafür war der Umzug einer geschiedenen Mutter mit ihrer behinderten Tochter in einen anderen, entfernten Bundesstaat, weil sie dort bessere Lebensbedingungen und Betreuungsmöglichkeiten fanden. Der Vater sah sich daraufhin in seinen Besuchsrechten beschränkt und ging vor Gericht. Erst als die Mutter auf die Möglichkeit hinwies, dass man zwecks Aufrechterhaltung der Kommunikation zwischen Tochter und Vater eine eigene Website einrichten und Videokonferenzen abhalten könne, gaben ihr die Richter Recht.

DARF ICH MUTTER ODER VATER NIE MEHR WIEDERSEHEN?

Grundsätzlich gilt: **Jedes Scheidungskind hat ein Recht auf beide Eltern.** Das wird dir vom Gesetz garantiert und geregelt. Es gibt – wie gesagt – nur einige spezielle Ausnahmefälle, wo Kontakt nicht befürwortet wird (siehe S. 46 und 68 ff.).

Leider gibt es aber auch Mütter oder Väter, die ihren Kindern vormachen, sie dürften den getrennt lebenden Elternteil nicht mehr sehen. Meist handelt es sich dabei um Menschen, die mit ihren Konflikten auch nach der Trennung einfach nicht fertig werden. Oft wurden sie vom Expartner sehr gekränkt, empfinden nun Misstrauen ihm gegenüber und verrennen sich völlig in die Idee, dass der andere ihnen Schlechtes zufügen will. Nach und nach übertragen sie diesen Gedanken leider auch auf ihre Kinder und denken, sie müssten diese vor dem anderen schützen. So versuchen sie dann mit verschiedensten Mitteln das vereinbarte Besuchsrecht des getrennt lebenden Elternteils zu erschweren oder zu verhindern, etwa indem sie sagen, du wärst krank oder nicht zu Hause. Oder sie versuchen dir weiszumachen, dass der Expartner ein schlechter Mensch ist, indem sie dich jedes Mal, wenn dieser eine Vereinbarung nicht genau einhält oder sich in irgendeiner Weise ihrer Meinung nach dir gegenüber nachlässig verhält, darauf hinweisen.

Ihnen ist nicht klar, dass sie dir damit sehr wehtun und dich in zusätzliche Gewissenskonflikte stürzen. Denn schließlich geht es hier nicht um irgendeinen Fremden, der kritisiert wird, sondern um deine Mutter oder deinen Vater. Du liebst beide Eltern, jeden auf seine Art, auch wenn du einiges an ihnen nicht so großartig findest und öfter Streit mit ihnen hast. Falls der eine nun versucht ein völlig negatives Bild vom anderen zu zeichnen, fühlst du dich klarerweise total verunsichert. Hat er Recht? Mag ja sein, dass der betroffene Elternteil da nicht klug gehandelt hat, aber ist er deshalb wirklich richtig böse? Ist es falsch, sie/ihn gern zu haben?

Wenn eine solche »Gehirnwäsche« vonseiten des einen Elternteils anhält, bleibt das in den meisten Fällen nicht wirkungslos. Du merkst plötzlich, wie du beginnst, dem angeschwärzten Elternteil misstrauisch zu begegnen und ihm gegenüber Ablehnung zu entwickeln. Trotz dieses Giftstachels, der nun in dir sitzt, verspürst du aber nach wie vor auch Zuneigung zu ihm und wirst nun zwischen deinen widersprüchlichen Gefühlen völlig hin- und hergerissen.

Was kannst du tun, um so eine Situation zu vermeiden? Du musst vor allem sehr wachsam sein. Nicht immer merkt man auf Anhieb, was wirklich läuft, wenn eine derartige Ausgrenzung betrieben wird. Aber wenn es dir bewusst wird, dann solltest du dagegen auftreten. Du kannst zu dem kritisierenden Elternteil beispielsweise Folgendes sagen: »Jeder Mensch macht Fehler. Ich mag euch alle beide sehr und niemand, auch du nicht, darf von mir verlangen, dass ich meine positiven Gefühle für Mutter/Vater verleugne, oder verhindern, dass ich mich mit ihr/ihm treffe. Das ist mein gutes Recht.«

Weise ihn auch darauf hin, dass jemand, der sich als Ehepartner weniger eignet, trotzdem für sein Kind durchaus eine gute und geliebte Bezugsperson sein und es auch bleiben kann. Das eine schließt nicht automatisch das andere aus. Mit ausgrenzenden Maßnahmen wird der kritisierende Elternteil wahrscheinlich nur das Gegenteil bewirken: Wenn du daran gehindert wirst, den anderen Elternteil zu sehen, wirst du nämlich nur noch mehr Sehnsucht nach ihm bekommen und dich in irgendwelchen Wunschvorstellungen und Fantasiebildern von ihr/ihm verlieren, die von dem wirklichen Menschen mit seinen Stärken und Schwächen weit entfernt sind. Und das macht die Situation auch nicht besser.

Es kann also sein, dass – ohne dass du davon weißt – deine Mutter oder dein Vater daran gehindert wird, regelmäßigen Kontakt zu dir zu halten. Aber es gibt auch eine andere Seite. Manchmal ist es der getrennt lebende Elternteil, der auf das Besuchsrecht verzichtet oder es nur halbherzig nutzt, etwa weil es ihm zu nahe geht, den ehemaligen Ehepartner sehen zu müssen. Oder er hat es irgendwann aufgegeben, dich zu treffen, weil er das Gefühl hatte, versagt zu haben und dir nichts bieten zu können. Vielleicht hat es auch damit zu tun, dass ihm die paar Stunden am Wochenende so bedrückend erscheinen, er davor Angst hat und sich immer irgendwie herausredet. Es gibt viele Gründe dafür. Vor allem Vätern fällt es oft schwer, über ihre Gefühle zu reden.

Auch das ist ein harter Schlag für dich. Du fragst dich, wie jemand, der dir so nahe steht, plötzlich aus deinem Leben verschwinden kann. Die Zuwendung beider Eltern ist dir sehr wichtig und du kannst nur schwer begreifen, dass einer deiner Eltern zwar noch lebt, dich aber nicht oder nur ganz selten sehen will.

Was lässt sich in so einem Fall unternehmen? Du könntest zumindest versuchen, von dir aus wieder eine Verbindung herzustellen, nachzufragen und herauszufinden, was die Ursache für den Kontaktabbruch ist. So lassen sich auch mögliche Missverständnisse ausräumen und es finden sich vielleicht Wege, wie man das Problem lösen kann. Allerdings müsst ihr beide daran Interesse haben und an einer Verbesserung eurer Beziehung arbeiten. Sonst wird schnell alles wieder vorüber sein.

WIRD SICH NUN DAS VERHÄLTNIS ZU MEINEN ELTERN VERÄNDERN?

Nach einer Trennung der Eltern gestaltet sich für alle Familienmitglieder das Zusammensein oft komplizierter als vorher. Auf dich kommen jetzt zum einen vielleicht ein Umzug, ein Schul- und Wohnungswechsel, das Verlassen der alten Freunde und die Suche nach neuen und die damit verbundenen Fragen und Sorgen zu. Zum anderen ist nun auch vieles nicht mehr so selbstverständlich wie bisher: Wahrscheinlich müssen nun beide Elternteile arbeiten gehen, weil es statt einem zwei getrennte Haushalte zu versorgen und umso mehr Rechnungen zu bezahlen gibt. Die finanziellen Mittel sind vermutlich knapper, dein Taschengeld fällt nun möglicherweise geringer aus.

Du siehst beide Elternteile wahrscheinlich nicht mehr so oft. Wenn du aus der Schule kommst, bist du vielleicht allein – was aber manchmal auch ganz angenehm ist, weil du dich ungestört in der Wohnung breit machen kannst und niemand da ist, der dich mit neugierigen Fragen nervt. Möglicherweise bist du nun für mehr Tätigkeiten verantwortlich, sollst im Haushalt mit anpacken – einkaufen, kochen, Geschirr spülen, Staub saugen, aufräumen, Blumen gießen – weil der Elternteil, mit dem du zusammenlebst, mehr arbeiten muss. Wenn du jüngere Geschwister hast, kann es zu Beginn auch vorkommen, dass du dich öfter als früher um sie kümmern musst. Das sollte aber nur vorübergehend sein, denn die Situation ist für dich schwer genug und es ist die Aufgabe deiner Eltern, eine Lösung zu finden. Die neuen Pflichten werden dir anfangs vielleicht schwer fallen und auf die Nerven gehen, andererseits lernst du dadurch aber ein Stück auf eigenen Füßen zu stehen. Du wirst selbstständiger und entscheidungsfähiger. Betrachte das als Vorbereitung für später, wenn du von zu Hause aus- und in deine eigenen vier Wände einziehen wirst: Da wirst du mit diesem Alltagskram schon vertrauter sein und besser damit umgehen können als andere in deinem Alter. Du wirst merken, dass alles bald Routine wird und dir schnell von der Hand geht. Und selbst wenn deine Mutter oder dein Vater es dir nicht sagen oder nicht zeigen kann, sei dir sicher, dass sie oder er auf jeden Fall für deinen Einsatz sehr dankbar ist; und stolz darauf, wie erwachsen und selbstständig du geworden bist.

Deine Abende und Wochenenden werden jetzt wahrscheinlich auch anders aussehen. Die Abwesenheit des bisherigen Familienmitglieds ist zu spüren, die Stimmung ist möglicherweise ein wenig gedämpft, dafür gibt es aber auch weniger Streit und ihr kommt besser miteinander aus. Am Esstisch wird vielleicht wieder mehr geredet. Du entdeckst jetzt unter Umständen andere Seiten an dem Elternteil, mit dem du zusammenlebst, lernst neue Stärken und Schwächen von ihm kennen. Möglicherweise ist er häufiger gelöster, vielleicht jedoch auch hin und wieder gereizt oder strenger, weil er noch nicht so gut mit der ungewohnten Situation klarkommt und mehr Verantwortung als früher auf den eigenen Schultern lastet. Sieh ihm das ein bisschen nach, aber sag auch, wenn dir etwas zu weit geht und du dich unfair behandelt fühlst. Wichtig ist außerdem, dass du nicht bewusst oder unbewusst beginnst die Rolle eines Ersatzpartners einzunehmen (siehe auch S. 23).

Möglicherweise bekommst du nun auch manchmal

den Satz zu hören: »Du bist wie deine Mutter!« oder »Du benimmst dich wie dein Vater!«

Das wird auf dich vermutlich wie ein Vorwurf wirken, selbst dann wenn das von dem entsprechenden Elternteil gar nicht beabsichtigt war, und unter Umständen Schuldgefühle in dir auslösen. Du bekommst das Gefühl, nichts anderes als einen riesengroßen Fehler zu verkörpern, und wünschst vielleicht sogar, nie geboren worden zu sein. Aber ist das nicht absurd? Natürlich wirst du in manchen Dingen und Ansichten deiner Mutter und in anderen deinem Vater ähneln, sie haben dich ja gemeinsam gezeugt und erzogen. Wenn du einen der beiden dadurch schmerzlich an die gemeinsame Vergangenheit erinnerst, kannst du wirklich nichts dafür. Sie sind es, die die Verantwortung dafür tragen. Mach deinen Eltern klar, wie sehr sie dich mit solchen Bemerkungen verletzen, und bitte sie, diese in Zukunft unbedingt zu unterlassen.

Falls ein Elternteil gerade in einer Phase sein sollte, in der er meint, alle Frauen beziehungsweise Männer wären mies, selbstsüchtig, unsensibel und beziehungsunfähig, lass dir das bloß nicht einreden! Das stimmt einfach nicht. Wenn ein Paar sich nicht mehr versteht, haben beide ihren Anteil daran. Das tritt nur nicht immer ganz klar zutage. Weibliche Wesen haben ebenso viele gute und schlechte Eigenschaften wie männliche. Vor allem wenn du vielleicht gerade selbst zum ersten Mal verliebt bist, solltest du dich nicht von solchen negativen Äußerungen runterziehen lassen.

Auch wenn kein gemeinsames Sorgerecht (siehe S. 46 f.) vereinbart wurde, hast du die Möglichkeit, ein gutes Verhältnis zu dem von dir getrennt lebenden Elternteil beizubehalten. Das Besuchsrecht hilft mit, eine

Entfremdung zwischen euch zu verhindern. Sorge- und Besuchsrecht können aber auch Anlass für Streitigkeiten zwischen deinen Eltern liefern, wenn einmal etwas nicht so klappt, wie es sollte (siehe auch S. 66). Wichtig ist, dass die Besuche regelmäßig stattfinden und du weißt, wann du den anderen Elternteil wieder siehst. Was ihr aus euren gemeinsamen Stunden macht – eine echte Nahbeziehung oder mehr eine Vergnügungseinrichtung, ein Miteinander oder ein Nebeneinander –, hängt von euch beiden ab. Wenn deine Mutter oder dein Vater sich sehr um dich bemüht und echtes Interesse an deinem Leben zeigt, dann solltest du auch ihr oder ihm gegenüber Verständnis signalisieren – und umgekehrt. Nicht mehr zusammenzuleben muss der Zuneigung zueinander keinen Abbruch tun. Oft erkennt man erst, wie wertvoll die Beziehung zum anderen ist, wenn man sich nur in gewissen Abständen sieht.

Vielleicht wird es in den ersten Wochen, nachdem ein Elternteil ausgezogen ist, auf dich so wirken, als hätte er das Interesse an dir verloren. Der Schein kann aber trügen: Wahrscheinlich steckt er noch völlig im Umzugschaos und ist mit tausend Fragen beschäftigt, die ihn abwesend erscheinen lassen. Das bedeutet jedoch nicht, dass er sich aus dem Staub machen will. Hab ein wenig Geduld und gib ihm ein wenig Zeit zur Neuorientierung.

Versuch die Beziehung zu dem getrennt lebenden Elternteil beständig und lebendig zu gestalten: Ruf ihn regelmäßig an, schreib ihm E-Mails, Postkarten oder Briefe, stell ein Foto von ihm in deinem Zimmer auf. Berichte ihm von den Dingen, die sich in deinem Leben abspielen und die dich beschäftigen, und hör aufmerksam zu, wenn er dir etwas von sich erzählt.

Wenn du mit ihm von zu Hause aus telefonierst, musst du dir nicht gefallen lassen, dass der andere Elternteil euer Gespräch belauscht. Was und wie lange du sprichst, ist deine Sache. Es ist aber auch wichtig, dass der besuchsberechtigte Elternteil Rücksicht auf deinen üblichen Tagesablauf, deine alltäglichen und schulischen Verpflichtungen und sonstige Bedürfnisse nimmt.

Deine Eltern werden wahrscheinlich noch immer Schuldgefühle deinen Geschwistern und dir gegenüber empfinden. Und das könnte dich vielleicht auch auf die Idee bringen, ihre Toleranzgrenzen auszuloten und auszuprobieren, ob sie dir jetzt mehr durchgehen lassen als früher, zum Beispiel was Fernseh- und Ausgehzeiten betrifft. Manche Kinder versuchen die Gewissensbisse der Eltern auszunützen und Mutter und Vater gegeneinander auszuspielen (»Die Mama/Der Papa erlaubt mir das aber immer!«). Eine solche Reaktion ist zwar verständlich (und kommt im Übrigen auch in nicht geschiedenen Familien vor), aber du solltest nicht immer nur auf deinen eigenen Vorteil bedacht sein. Sonst handelst du nämlich nicht anders als jene Eltern, die ihre Kinder im Scheidungskrieg für ihre eigenen Interessen missbrauchen (siehe S. 56 ff.).

Es wird auf jeden Fall ein wenig dauern, bis sich die neue Lebenssituation bei euch allen eingespielt hat. Aber wenn du hin und wieder mit deinem Schicksal haderst, dann sag dir: **Eine funktionierende Teilfamilie ist immer noch besser als das Zusammenleben mit zwei andauernd streitenden Eltern.**

WIE SOLL ICH DIESES STÄNDIGE HIN UND HER AUSHALTEN?

Es ist sicher anfangs ein seltsames Gefühl, nun zwei Zuhause zu haben. Vielleicht wird dir die ersten Male ein wenig mulmig zumute sein, wenn du deine Siebensachen zusammenpackst und den getrennt von euch lebenden Elternteil in seiner für dich noch fremden Umgebung besuchst. Egal ob du gerade bei deiner Mutter oder deinem Vater bist, du vermisst in dem Moment wahrscheinlich immer den anderen. Und auch das Wieder-weg-Fahren nach einem allzu schnell vergangenen Wochenende ist keine leichte Sache. Gerade hast du dich auf deine Umgebung eingestellt, dich innerlich an deine Mutter oder deinen Vater angenähert und schon wirst du wieder aus alldem herausgerissen. Besonders der Abschied ist üblicherweise sehr schwer und schmerzlich. Je stärker du dich mit deinen Eltern verbunden fühlst, umso qualvoller wirst du diese Situation wahrscheinlich empfinden. Und deine Emotionen solltest du keinesfalls verdrängen.

Denk aber auch dran, dass es ja kein Abschied für immer ist. Ihr seht euch bald wieder, und du wirst sehen, mit der Zeit gewöhnst du dich an diese Übergänge mehr und mehr. Viele Menschen haben heutzutage zwei, manche sogar mehrere Wohnsitze, zwischen denen sie hin- und herwechseln. Nicht nur Stars, Models und Topmanager, auch Studenten zum Beispiel. Du bist eben schon ein bisschen früher damit dran. Wenn dir die Pendlerei aber auch noch nach Monaten und länger sehr viel Stress bereitet, solltest du darüber nachdenken, woran das genau liegt: Sind die Zeiträume zwischen den

Besuchen zu kurz oder zu lang, liegt es an den Dingen, die ihr gemeinsam unternehmt (oder nicht unternehmt), gibt es eine Missstimmung zwischen dir und dem Elternteil, kommst du vielleicht mit deinen Schulpflichten nicht nach? Wenn du die mögliche Ursache herausgefunden hast, findest du wahrscheinlich auch Wege, wie sie sich beseitigen lässt – etwa durch klärende Gespräche und eine geeignetere Regelung der Besuchstage.

Zwei Zuhause zu haben kann übrigens durchaus auch von Vorteil sein: zum Beispiel wenn du dringend Luftveränderung brauchst, weil du dich in dem einen Heim zu Tode langweilst oder weil dir der eine Elternteil ständig auf den Fersen ist oder du dich gerade einmal nicht so gut mit ihm verträgst und ein bisschen Abstand euch ganz gut tun kann.

MUSS ICH EIN WOCHENENDPROGRAMM MITMACHEN?

Eigentlich freust du dich immer sehr darauf, deine Mutter oder deinen Vater zu besuchen – wenn nur nicht jedes Mal der bis in die letzte Minute ausgearbeitete Plan in Kraft träte, sobald du deinen Fuß über die Türschwelle setzt …

Rad fahren, Inlineskaten, Eis laufen, Segeln, Klettern, Fußballmatches, Sightseeing, Ausstellungen, Musicals, Kinobesuche: Manche geschiedene Eltern versuchen in den Stunden, in denen sie mit ihren Kindern zusammen sind, ungefragt möglichst viel Programm unterzubringen, weil sie denken, sie müssten dir Action und Abwechslung bieten und die Zeit optimal nützen. Falls dir das schlicht und einfach zu anstrengend ist, solltest du das auch ganz deutlich sagen. Es kann sein, dass dein »unternehmungslustiger« Elternteil dann ganz erleichtert aufatmet, weil er sich insgeheim ebenfalls nach einer erholsamen Pause sehnt und schon nicht mehr weiß, wie er eure Wochenendaktivitäten noch steigern kann.

Es macht auch Spaß, einmal zu Hause zu bleiben, gemeinsam etwas zu kochen oder den Pizzadienst anzurufen, gemütlich auf der Couch zu sitzen und zu quatschen, ein Spiel zu spielen oder ein Video anzusehen.

Schlag auch du einfach mal vor, wonach dir gerade ist. Vielleicht nimmt dich ja dein Vater, der Bewegungsfreak, immer nur auf irgendwelche Berge oder Sportplätze mit, während dir viel mehr der Sinn nach Kunst und Kultur steht, oder deine Mutter möchte immer in Ausstellungen gehen, während dir vielmehr nach einem Ausflug ins Grüne zumute ist. Nehmt gegenseitig Rücksicht auf eure Wünsche!

Ihr müsst auch nicht immer schon Tage vorher alles genau durchgeplant haben. Manchmal kommt man ganz spontan auf gute Ideen. Je mehr ihr beide euch aktiv in die Gestaltung eurer freien Wochenenden einbringt, umso größer ist die Wahrscheinlichkeit, dass die gemeinsam verbrachte Zeit ein Genuss für euch beide wird.

ZU WEM GEHÖRE ICH?

Wenn du plötzlich zwei Familien hast

Wenn sich eine Tür vor uns schließt, öffnet sich eine andere. Tragisch ist nur, dass wir auf die geschlossene Tür blicken und die geöffnete nicht beachten.
André Gide

Irgendwann nach der Trennung deiner Eltern kann es passieren, dass deine Mutter oder dein Vater sich wieder verliebt und mit einem neuen Partner oder einer neuen Partnerin zusammenzieht. Manchmal finden auch beide Eltern nach kurzer Zeit einen Lebensgefährten. Das wird in dir wahrscheinlich Unruhe und zusätzliche Fragen auslösen.

Werde ich nun meine Eltern verlieren? Hat Papa mit der neuen Frau weniger Zeit für mich? Muss ich den Neuen von Mama mögen? Wird Mama böse auf mich sein, wenn ich Papas neue Partnerin gern habe – und umgekehrt?

Du sehnst dich wieder nach der Zeit zurück, als ihr noch eine heile Familie wart und kein Eindringling gestört hat. Alles wirkt jetzt im Rückblick ein bisschen verklärt. Und du fühlst wenig Lust, dich mit der oder dem Neuen auseinander setzen zu müssen. Aber leider ist diese Person nun einmal nicht irgendein Erwachsener für dich, sondern jemand, der von nun an dein Leben mitbestimmt. Jemand, den du auf Dauer nicht ignorieren kannst. Jemand, den du noch nicht gut genug kennst.

Jemand, der Seiten hat, mit denen du zurechtkommst, und solche, die dich nerven.

Doch damit nicht genug: Möglicherweise bekommst du jetzt auch neue Brüder oder Schwestern. Halbgeschwister oder Stiefgeschwister. Du musst dich an ganz neue Familienkonstellationen gewöhnen. Vielleicht steht damit auch ein neuerlicher Wohnungswechsel an.

Auch wenn die Veränderung nicht von dir ausgeht: Ein Neuanfang stellt immer eine Chance dar, etwas anders, etwas besser zu machen und dazuzulernen. Es kommt jetzt wieder auf jeden von euch an, dazu beizutragen, dass eine neue Familie entstehen kann. Das wird zu Beginn nicht ganz leicht sein. Es sind viel Zeit, Geduld und Feingefühl nötig, um Misstrauen, Ängste und Barrieren abzubauen und zusammenfinden zu können. Aber vielleicht wirst du irgendwann sogar feststellen, dass du niemanden verloren, sondern ein paar nette Menschen hinzugewonnen hast.

Was du als einzelne Person unternehmen kannst, um dich gegen unangenehme Anfangssituationen zu wehren und in deinen neuen Familien wohl zu fühlen, erfährst du auf den folgenden Seiten.

WAS, WENN ICH DIE NEUEN PARTNER MEINER ELTERN EINFACH NICHT MAG?

Jedem Menschen geht es so: Es gibt Leute, die kann man auf Anhieb gut leiden, und andere, die man irgendwie unsympathisch findet. Niemand, nicht einmal du selbst, wird dich dazu zwingen können, jemanden zu mögen.

So etwas funktioniert nicht auf Knopfdruck. Interessant wäre aber die Frage, warum du das neue Familienmitglied nicht »riechen« kannst. Was meinst du?

Ist es zum Beispiel, weil sie oder er

> grauenhafte Klamotten trägt?
> so eine schrille, nervige Stimme hat?
> nicht so gut kochen kann wie Mama oder Papa?
> versucht sich zwischen dich und Mama oder Papa zu drängen?
> sich in alle eure Angelegenheiten einmischt?
> immer alles besser weiß?
> ständig Dinge in der Wohnung verändert?
> schlecht über Mama oder Papa redet?

Wenn es um Bereiche wie Aussehen, Kleidung und Fähigkeiten von neuen Partnern geht, musst du das wohl oder übel hinnehmen und respektieren. Über Geschmack lässt sich bekanntlich nicht streiten und es kann nicht jeder über die gleichen Talente und genetischen Veranlagungen verfügen. Das wäre ja auch langweilig.

Für den Fall, dass du den Eindruck hast, sie oder er will dir einen Elternteil wegnehmen, solltest du eure Situation einmal näher unter die Lupe nehmen. War die oder der Neue zum Beispiel der Trennungsgrund für deine Eltern? Dann denkst du wahrscheinlich, dass diese Person schuld an deinem Unglück ist, weil sie sich einfach deine Mutter oder deinen Vater gekrallt und deine Familie zerstört hat.

Verständlich, wenn du nicht gut auf sie zu sprechen bist. Aber vergisst du dabei nicht etwas? Schließlich gehören zur Liebe immer zwei. Jener Elternteil, der diese

Beziehung eingegangen ist, trägt also genauso die Verantwortung für das, was passiert ist. Wenn du Angst hast, ihn zu verlieren, solltest du ihn darauf ansprechen. Frag ihn, was ihm diese neue Beziehung bedeutet, und versuch zumindest ihn zu verstehen. Mach ihm aber gleichzeitig klar, dass es für dich sehr wichtig ist, zwischendurch auch Zeit mit ihm allein zu haben. Dann wird es dir vielleicht leichter fallen, deine Eifersucht zu vergessen und der oder dem Neuen offen zu begegnen. Deiner Mutter oder deinem Vater die Bedingung zu stellen, sich mit dir immer nur allein treffen zu wollen, wäre allerdings nicht nur falsch, sondern auch ziemlich unrealistisch. Du solltest außerdem jetzt keinen deiner Eltern aus deinem Ärger heraus mit bissigen Bemerkungen über sein verliebtes Verhalten verletzen. Weder deine Mutter noch dein Vater würden sich einen neuen Partner suchen, um dir damit eins auszuwischen.

Wenn der neue Lebensgefährte beispielsweise überall seinen Senf dazugibt, egal ob seine Meinung gefragt ist oder nicht, und dir damit unheimlich auf die Nerven geht, kann das verschiedene Gründe haben. Vielleicht ist er von Natur aus so. Möglicherweise verhält er sich aber auch nur aus einer Unsicherheit heraus auf diese Weise, so widersprüchlich das auch klingen mag. Er fürchtet sich nämlich unter Umständen – ähnlich wie du – an den Rand gedrängt zu werden und glaubt das nur verhindern zu können, indem er sich auf diese Art ständig bemerkbar macht. In beiden Fällen solltest du da, wo es dir zu weit geht, ihn höflich, aber bestimmt darauf hinweisen, dass du seine Bemühungen zu schätzen weißt, aber es da um eine Sache geht, die nur dich allein oder dich und deine Mutter oder deinen Vater betrifft (das sollte allerdings auch wirklich der Wahrheit entsprechen), und du keine Einmischung wünschst.

Auch eine neue Partnerin, die laufend Dinge in eurem Heim verändert, muss nicht gleich böse Hintergedanken dabei haben. Sie will sich auf diese Weise vermutlich nur selbst ein wenig in die Wohnung einbringen, und da sie ja nun, ob du es gut findest oder nicht, auch hier zu Hause ist, kann man ihr das nicht verwehren. Trotzdem sollte sie dabei auch Rücksicht auf euch nehmen und es nicht übertreiben. In deinem eigenen Zimmer solltest natürlich in erster Linie du das Sagen haben.

Es könnte übrigens auch noch einen anderen Grund haben, warum die oder der Neue bei dir einen schweren Stand hat. Vielleicht willst du dir nur nicht eingestehen, dass du sie oder ihn eigentlich gar nicht so übel findest, weil das für dich einem Verrat an dem verlassenen Elternteil gleichkäme. Das ist aber im Grunde eine falsche Vorstellung von Treue: **Du darfst den neuen Lebenspartner mögen und trotzdem deine Mutter und deinen Vater lieben.** Das eine schließt das andere nicht automatisch aus. Einen Menschen mögen heißt nicht, einen anderen deshalb weniger gern zu haben. Wenn du trotzdem die Angst hast, dies könnte von deinem leiblichen Elternteil so aufgefasst werden, mach ihm deutlich, dass, auch wenn du den neuen Partner magst, du ihn niemals als neue Mutter oder neuen Vater betrachten wirst. Das wird und soll niemand von dir verlangen. Und tut es jemand doch, wird er schnell merken, dass er damit bei dir ganz schön auf Granit beißt. Abwertende Bemerkungen des neuen Lebensgefährten über den geschiedenen Partner eines Elternteils musst du ebenfalls nicht über dich ergehen lassen. Weise ihn höflich darauf hin, dass er in Zukunft solche Äußerungen bitte unterlassen soll.

Wie auch immer: Wenn du den neuen Menschen an Mutters oder Vaters Seite trotz allem einfach nicht ausstehen kannst, musst du dich nicht zwingen ihn zu mögen. Sag es ihm aber nicht gleich knallhart ins Gesicht. Es reicht, wenn du es denkst. Meist spüren sie deine Ablehnung ohnehin und fühlen sich schon so schlecht genug dabei. Du solltest ihn auch nicht kaltschnäuzig ignorieren oder vor anderen Personen schlecht machen. Das sind ziemlich unreife Reaktionen. Wenn du dir zum Ziel gemacht hast, ihm das Leben zur Hölle zu machen und alles daran zu setzen, ihn irgendwie rauszuekeln, ist das natürlich deine Entscheidung. Aber überleg mal, ob es dir die ganze Energie wirklich wert ist. In ein paar Jahren ziehst du ohnehin aus und lebst dein eigenes Leben. Gönn deiner Mutter oder deinem Vater ihr Liebesglück, respektiere es und zeige, dass du reif und verständig bist und tolerant sein kannst. Wenn die Eltern zur Abwechslung einmal ihre Aufmerksamkeit mehr auf eine andere Person richten, bedeutet das ja auch mehr Freiheit für dich! Und sei ehrlich: Findest du denn gar nichts Positives an der oder dem Neuen?

Selbst wenn es dir nicht leicht fällt: Gib ihm zumindest eine Chance, zu zeigen, dass er nicht ganz so daneben ist, wie du glaubst. Stell dich nicht stur, sondern versuche ihn erst einmal richtig kennen zu lernen – denn irgendetwas muss ja deine Mutter oder deinen Vater auch an ihm oder ihr faszinieren. Du wirst merken, dass es dir dann auch gleich besser geht, denn du bist über deinen eigenen Schatten gesprungen und hast allen Grund, stolz darauf zu sein.

DARF DER NEUE PARTNER MICH HERUMKOMMANDIEREN?

Möglicherweise ärgerst du dich jetzt hin und wieder, dass Mamas neuer Freund oder Papas neue Lebensgefährtin dir »blöde Vorschriften« macht. Muss ich mir das auch noch gefallen lassen?, reagierst du genervt. Die ist doch nicht meine Mutter beziehungsweise der nicht mein Vater!

Das ist natürlich richtig, aber bevor du in die Luft gehst, solltest du besser einmal mit dem entsprechenden Elternteil in aller Ruhe über die Situation reden. Du brauchst auf keinen Fall Anweisungen oder Befehle entgegenzunehmen und dich nicht herumkommandieren lassen. Vielleicht findet ihr ja einen Weg, anders mit solchen Situationen umzugehen. Zum Beispiel könntet ihr euch einmal an einem Wochenende zusammensetzen und gemeinsam Regeln aufstellen, an die sich alle im Haus zu halten haben.

Stößt du mit deinem Vorschlag auf taube Ohren und die Vorschriften der oder des Neuen gehen unvermindert weiter, kannst du ihr oder ihm immer wieder höflich, aber bestimmt sagen: »Ich verstehe zwar, dass du dich um mich sorgst, doch ich denke, in dieser Angelegenheit hat meine Mutter das letzte Wort!« oder »Ich denke, du wirst verstehen, dass ich in dieser Angelegenheit gerne meinen Vater entscheiden lassen würde.« Damit nimmst du dem neuen Partner den Wind aus den Segeln und irgendwann wird ihm sicher klar werden, dass er auf diese Art nichts bei dir erreicht.

Wenn die oder der Neue eher ein Mensch ist, der, um

sich mit dir gut zu stellen, dich alles tun lässt, was du willst, solltest du umgekehrt aber auch nicht den Versuch unternehmen, die beiden nun immer gegeneinander auszuspielen. Das würde zusätzlich eine Menge Streit hervorrufen, nicht nur zwischen Mutter oder Vater und dem neuen Lebensgefährten, sondern auch zwischen dem betroffenen Elternteil und dir.

WAS, WENN MUTTER ODER VATER WIEDER HEIRATET?

Wenn deine Mutter oder dein Vater nach der Trennung wieder neue Partner finden, ist das für dich vielleicht alles andere als erfreulich. Zum einen, weil da plötzlich eine fremde Person wichtiger zu sein scheint als du, und zum anderen, weil du wahrscheinlich doch noch eine klitzekleine Hoffnung mit dir herumträgst, deine Eltern würden eines Tages wieder zueinander finden.

Erfährst du dann auch noch, dass deine Mutter oder dein Vater den neuen Lebensgefährten heiraten will, ist das möglicherweise ein Schock für dich, weil das den endgültigen Abschied vom Traum der wiedererstandenen Familie von früher bedeutet. Und du bist jetzt möglicherweise wütend und eifersüchtig, dass zu Hause ein dir völlig Fremder den Platz der Mutter oder des Vaters einnimmt.

Aber so schwer es dir fällt: Es ist die Entscheidung deines Elternteils und dir bleibt nichts anderes übrig als sie zu akzeptieren. Du hast zwei Möglichkeiten, auf diese Neuigkeit zu reagieren: Entweder du ziehst dich beleidigt in den Schmollwinkel zurück und verweigerst dich total oder du beschließt das Beste aus der Situation zu machen. Mit Ersterem wirst du wahrscheinlich nicht viel erreichen und dir letztendlich auch selbst sehr wehtun. Wenn du Letzteres vorziehst, können dir folgende Punkte helfen, um mit den neuen Verhältnissen zurechtzukommen:

> Betrachte und behandle deinen Stiefelternteil wie ein neues Familienmitglied, auch wenn du ihn nicht sonderlich magst.

> Du musst den neuen Stiefelternteil nicht mögen, solltest ihm aber zumindest mit Höflichkeit begegnen.

> Du solltest nach Möglichkeit versuchen mit dem Stiefelternteil auszukommen. Falls du Schwierigkeiten damit hast, wie er sich dir gegenüber verhält, solltest du das im Familienkreis ansprechen. Damit sich alle wohl fühlen können, ist es wichtig, die eigenen Ängste und Bedürfnisse den anderen mitzuteilen. Dann lässt sich besser Rücksicht aufeinander nehmen.

> Durch deinen neuen Stiefelternteil hast du die Chance, neue Dinge und Lebensweisen kennen zu lernen, Hobbys und Interessen zu teilen. Du kannst davon profitieren, nutze deine Möglichkeiten.

Es braucht sicherlich seine Zeit, sich an eine Stiefmutter oder einen Stiefvater zu gewöhnen, ihn kennen zu lernen und zu akzeptieren. Du solltest dir jedenfalls immer vor Augen halten, dass, nur weil einer deiner Elternteile einen für sein Leben wichtigen Menschen gefunden und vielleicht ein bisschen weniger Zeit für dich hat, das nicht gleich bedeutet, ihn jetzt zu verlieren. Es ist vielmehr eine neue Person hinzugekommen. Auch wenn du nun vielleicht das Gefühl hast, nicht mehr so gebraucht zu werden wie in der Zeit, als ihr zu zweit zusammengelebt habt, bist du für deinen Elternteil noch genauso wichtig wie damals. Und selbst wenn du als Kind das Recht auf die Zeit und das Beisammensein mit deinem Elternteil hast, heißt das nicht, dass er dir allein gehört. Er muss und wird sein eigenes Leben führen, in dem du aber natürlich auch weiterhin eine wichtige Rolle spielst. Deine Angst ist verständlich, doch vielleicht findest du in dem neuen Partner jemanden, der dich auf seine Art versteht und mit dem du verschiedene Dinge unternehmen kannst. Und vergiss nicht, dass du nun auch wieder ein Stück freier bist, weil sich dieser Elternteil nicht mehr so stark auf dich konzentriert.

Falls Mutter und Vater wieder neue Partner haben, wirst du feststellen, dass es durchaus möglich ist, mehrere gute Beziehungen nebeneinander zu haben, auch wenn es sich um vier sehr verschiedene Menschen handelt. Der eine wird vielleicht jemand sein, mit dem du dich intensiv über deine Lieblingsmusik unterhalten kannst, und mit dem anderen lässt es sich wiederum gut Computerspiele spielen, beides möglicherweise Dinge, die deine leiblichen Eltern nicht so sehr faszinieren. Du hast die Möglichkeit, dir von jedem jeweils das zu holen, was dieser dir im Besonderen geben kann. Neben deiner Mutter und deinem Vater auch noch eine Stiefmutter und einen Stiefvater zu haben kann also eine wertvolle Chance für dich darstellen.

WIE KOMME ICH MIT NEUEN GESCHWISTERN KLAR?

Wenn sich Mutter oder Vater nach einer Trennung wieder binden, besteht die Möglichkeit, dass sich die Familie nicht nur durch eine Stiefmutter oder durch einen Stiefvater, sondern auch noch zusätzlich durch Brüder oder Schwestern erweitert. Du kannst also Stiefgeschwister erhalten, wenn der Stiefelternteil eigene Kinder mitbringt, oder aber auch Halbgeschwister, also Kinder, die dein Elternteil und der Stiefelternteil gemeinsam bekommen.

Möglicherweise freust du dich über den Neuzugang in deiner Familie, es gefällt dir, mit mehreren Kindern zusammenzuleben, und du findest dich rasch in den geänderten Verhältnissen zurecht. Es ist aber auch völlig verständlich, falls dich diese neue Situation beunruhigt und verunsichert. Schließlich stellt es sich ja oft schon schwierig genug dar, mit den eigenen Geschwistern klarzukommen – um wie viel komplizierter kann es da erst werden, wenn weitere dazustoßen?

Natürlich musst du dich darauf einstellen, dass sich jetzt manches ändert. Zusätzliche Geschwister in der Familie, das bedeutet auch mehr finanzielle Kosten, die anfallen. Und das wiederum heißt: Ab sofort sollen sich alle in ihren Wünschen mehr einschränken, viele Dinge müssen miteinander geteilt werden und jeder Einzelne bekommt bestimmte Aufgaben im Haushalt übertragen.

Mehr Kinder in der Familie bedeutet auch: Deine Stellung in der Geschwisterreihe kann sich nun ändern – mit allen jeweils damit verbundenen Vor- und Nachteilen. Du bist plötzlich nicht mehr die oder der Älteste oder Jüngste, vielleicht auch nicht mehr der einzige Junge oder das einzige Mädchen. Sehr gewöhnungsbedürftig wird die Situation für dich vor allem sein, wenn du bisher ein Einzelkind warst – und nun vielleicht auch noch ein Halbgeschwister bekommst. Es besteht die Gefahr von Eifersucht unter euch, falls einer das Gefühl hat, weniger Aufmerksamkeit und Zuneigung von einem Elternteil zu bekommen.

Die ungewohnte Situation hat aber auch ihre guten Seiten: Neue Geschwister bringen Abwechslung in dein Leben. Du hast jetzt mehr Leute um dich, mit denen du in deiner Freizeit etwas unternehmen kannst, und Langeweile kommt bei euch sicher nicht auf.

Gleichaltrige Geschwister eignen sich auch besonders als Vertrauenspersonen, mit denen du Sachen besprechen kannst, die du keinem Erwachsenen auf die Nase binden willst. Sie können wichtige Verbündete für dich sein, wenn es darum geht, eure Wünsche und Interessen gegenüber den Eltern durchzusetzen.

Falls du die neue Situation also als Chance und nicht als Bedrohung betrachtest, wenn du versuchst auf die Geschwister zuzugehen, anstatt sie von vornherein abzulehnen oder dich sofort in dein Schneckenhaus zurückzuziehen, wirst du dir auch nicht wie das fünfte Rad am Wagen vorkommen. Es braucht natürlich einige Zeit, bis ihr euch aufeinander eingespielt habt. Frag sie am besten zu Anfang gleich einmal, was sie am liebsten für Musik hören, welche Sportart sie betreiben oder welche Filme sie mögen. Vielleicht findet ihr ja Gemeinsamkeiten und habt dann zumindest schon einmal eine Gesprächsbasis.

Wie auch immer du es anstellst: Damit ihr – deine Eltern, deine Stiefeltern, deine Geschwister und du – gut miteinander auskommt, muss in jedem Fall das folgende Gesetz für euch alle uneingeschränkt gelten: Jedes Kind in der Familie ist gleich wichtig. Keines soll bevorzugt werden. Dann wird es auch keine Rivalitäten geben. Klar soll respektiert werden, dass du zu deinen leiblichen Eltern eine spezielle Bindung hast, aber das darf nicht dazu führen, dass offensichtliche Bevorzugungen entstehen, unter denen andere leiden.

Natürlich kann es auch zu Konflikten kommen. Jede Familie entwickelt ihre eigenen Regeln davon, was erlaubt und was verpönt ist und was von Kindern erwartet wird. Das kennst du sicher schon von den Familien deiner Freunde. Anfangs muss man immer erst einmal herausfinden, welche Regeln innerhalb der Familie vereinbart worden sind, und man muss sich jedes Mal umstellen, wenn man von einer Familie in die andere kommt. Oft ist es leider auch nicht ganz nachvollziehbar, warum hier etwas erlaubt und dort dasselbe verboten ist. Immerhin hast du so aber die Chance, unterschiedliche Vorgehensweisen kennen zu lernen und auszuprobieren, beispielsweise wie man anders mit Konflikten umgehen kann oder wie sich Freizeit noch verbringen lässt. Vielleicht wirst du auch bis zu einem gewissen Grad die Regeln neu ausverhandeln können. Immerhin steht dir grundsätzlich das Recht zu, dein neues Familienleben mitzugestalten. Wichtig ist, dass ihr alle Verständnis, Geduld, Toleranz, Kommunikations- und Konfliktfähigkeit beweist. Du kannst dir deine Familie zwar nicht aussuchen, aber du kannst dir jeweils das davon abschauen, was dir besonders gefällt.

Familien im Umbruch

Seit einigen Jahren geht die Anzahl der traditionellen Familien (Vater und Mutter verheiratet, in einem Haushalt, mit mindestens einem Kind) im deutschsprachigen Raum wie überhaupt in den westlichen Industrieländern zurück. Immer stärker entwickeln sich alternative Lebensformen wie zum Beispiel die Ein-Eltern-Familie, nicht eheliche Lebensgemeinschaften, Patchwork-Familie (»Flickwerk«-Familie, also wenn sich zwei Partner zusammentun und jeweils Kinder aus der vorigen Beziehung in die neue Lebensgemeinschaft mitbringen), Stieffamilie, Adoptivfamilie und Wohngemeinschaft, um nur einige zu nennen. Nach Angaben aus dem Jahr 2003 wachsen in Deutschland 850 000 von 15 Millionen Kindern in einer dieser »neuen Familien« auf.
Auch folgende Entwicklungen sind zu beobachten:

\> *Die größte Gruppe der alternativen Lebensformen bilden die Single-Haushalte (allein stehende Erwachsene mit eigenem Haushalt). Sie sind überwiegend in den Städten vertreten.*

\> *Die Zahl der nicht ehelichen Lebensgemeinschaften hat in den letzten Jahren besonders stark zugenommen. In Deutschland lebt heute bereits jedes zehnte Paar ohne Trauschein zusammen. Auch für Geschiedene ist die nicht eheliche Lebensgemeinschaft eine immer typischere Lebensform.*

\> *Mehr und mehr Kinder wachsen bei Alleinerziehern auf. Diese sind in der Mehrheit der Fälle geschieden. Die Zahl der allein erziehenden Väter ist ebenfalls deutlich gestiegen.*

\> *Jugendliche leben immer länger zu Hause bei ihren*

Eltern, männliche deutlich länger als weibliche. Ehen werden immer später geschlossen, meist erst nach Abschluss der beruflichen Ausbildung der Partner.

> *Die Bereitschaft, Kinder zu haben, sinkt; gleichzeitig steigt das Streben nach Erfolg im Beruf. Auch Frauen wollen öfter »Karriere machen«.*

WAS SOLL ICH TUN, WENN DER KRIEG ZWISCHEN DEN ELTERN TROTZDEM ANHÄLT?

Nicht immer schaffen es Eltern, das Kriegsbeil nach einer Scheidung zu begraben. Gerichtliche Entscheidungen werden unter Umständen hintertrieben oder angezweifelt und Prozesse neu aufgerollt. Das weiterhin geltende gemeinsame Sorgerecht (siehe S. 46 f.) kann sich positiv auswirken, es wird aber nicht alle Konflikte verhindern, besonders dann nicht, wenn deine Eltern stark konkurrierende Vorstellungen davon haben, wie deine Erziehung auszusehen hat (für Österreich trifft das nicht zu, da die Eltern das gemeinsame Sorgerecht nur bekommen, wenn sich beide einig sind). Auch ist für manche Elternteile die neue Beziehung des Expartners nicht leicht zu akzeptieren. Es kann zu Konflikten kommen, weil der eine nicht für einen »Ersatzelternteil« das Feld räumen will.

Wenn deine Mutter und dein Vater weiterhin über unbewältigte Ereignisse streiten, solltest du dich auch jetzt nach Möglichkeit raushalten und nicht versuchen zu vermitteln. Falls sie sich etwas zu sagen haben, sollen sie das selbst tun (siehe auch S. 56ff.). Es ist auf jeden Fall sehr schade für sie, dass sie sich mit ihrem ewigen Gezanke die Chance auf ein glücklicheres neues Leben verpatzen.

Schwierig wird es, wenn die Eltern sich auch noch mit den jeweiligen neuen Partnern überwerfen, weil alle sich etwas anderes, womöglich Widersprüchliches von dir erwarten. Der eine will dich vielleicht zu einem gesellschaftskritischen, unangepassten Erwachsenen erziehen, der andere zu einem karrierebewussten Taktiker, der dritte zu einem mitfühlenden, sozial handelnden Menschen, der vierte zu einem analytischen Denker. Wenn du jetzt versuchst es allen recht zu machen, läufst du wahrscheinlich Gefahr, völlig aufgerieben zu werden. Du fühlst dich verunsichert und überfordert.

Vielleicht hilft es dir, in einer solchen Situation allen vieren immer wieder zu sagen: »Ich weiß es zu schätzen, dass ihr mir wichtige Eindrücke und Werte auf den Weg geben wollt, aber ich möchte ein eigenständig denkender Erwachsener werden, ohne mir die Vorstellung eines anderen aufzwingen zu lassen. Und es tut mir weh, dass ihr euch um mich streitet, anstatt euch gegenseitig zu respektieren und andere Meinungen einfach zu akzeptieren. Ich mag euch alle, jeder von euch ist wichtig für mich, aber ihr quält mich, wenn ihr von mir verlangt, dass ich mich für oder gegen einen von euch entscheiden soll.«

DAS LEBEN GEHT WEITER

Wie du gestärkt in die Zukunft blickst

Im Spiel des Lebens kommt es nicht so sehr darauf an, gute Karten zu haben, sondern auch mit schlechten Karten gut zu spielen.
H. T. Leslie

Vielleicht hast du so eine ähnliche Situation schon einmal miterlebt: Ein Jugendlicher baut in irgendeiner Situation Mist. Und als die Erwachsenen davon erfahren und enttäuscht sind, sagt einer plötzlich: »Na, was soll man auch schon von einem Scheidungskind anderes erwarten!« So als ob es völlig unmöglich wäre, dass ein Kind sich nach der Trennung seiner Eltern noch »normal« entwickeln könnte. Und nun sind auch deine Eltern auseinander gegangen und du hast Angst, für dein restliches Leben gebrandmarkt zu sein und nie mehr ein gutes, glückliches Leben führen zu können.

Während deine Freunde jetzt wahrscheinlich gerade Schmetterlinge im Bauch haben und die ganze Zeit an ihren Schwarm denken und darüber reden, verbarrikadierst du dich vielleicht nun innerlich und reagierst auf Annäherungsversuche von anderen nach dem Motto: »Komm mir bloß nicht mit Liebe!« Die kann letztendlich nur wie bei deinen Eltern zu einer großen Enttäuschung führen, denkst du dir verbittert, und das willst du nicht noch am eigenen Leib verspüren.

Aber gegen Liebe ist nun mal kein Kraut gewachsen.

Und auch wenn man dir etwas anderes weismachen will: Es ist ein weit verbreiteter Irrtum, zu glauben, die Trennung der Eltern würde deren Kinder in jedem Fall zu Versagern oder seelischen Krüppeln machen. Natürlich kann kein Scheidungskind von sich behaupten, dieses Ereignis wäre spurlos an ihm vorübergegangen. Die Trennung der Eltern und die Auflösung der Familie sind sehr schmerzliche Erfahrungen, keine Frage. Niemand weiß das besser als du selbst. Die Trauer lässt sich nicht einfach wegzaubern. Aber man kann versuchen dieses Erlebnis nicht nur als Katastrophe zu sehen, sondern als eine Krise, durch die man durchmuss und aus der es möglich ist, gestärkt hervorzugehen. Krisen können sehr produktive Zustände für einen Menschen sein. Sie helfen dir zu reifen.

Wie die Scheidung der Eltern am besten zu bewältigen ist, wie du trotzdem die Chance hast, zu einem erfüllten, liebenden Menschen zu werden, und welche Erfahrungen du für die Zukunft mitnehmen kannst, steht im folgenden abschließenden Kapitel.

KANN ICH NACH DER SCHEIDUNG ÜBERHAUPT NOCH GLÜCKLICH WERDEN?

Wenn es um die Frage geht, ob Kinder, deren Eltern sich getrennt haben, im späteren Leben unglücklicher sind als Kinder aus dauerhaften Beziehungen, spaltet sich die Menschheit in zwei Lager.

Die einen denken, Scheidungskinder

> sind ängstlicher,

- > sind stressanfälliger,
- > sind orientierungsloser,
- > sind öfter überfordert,
- > haben gestörte Gefühle zu Distanz und Nähe,
- > haben Probleme im Umgang mit Autoritäten,
- > sind, was Partnerschaften betrifft, zutiefst verunsichert.

Die anderen meinen, Scheidungskinder

- > sind selbstsicherer,
- > sind auf lange Sicht besonders belastungsfähig,
- > beweisen mehr Zielstrebigkeit,
- > sind selbstständiger,
- > zeigen früher Reife,
- > sind verantwortungsbewusster,
- > sind partnerschaftsfähiger.

Tatsächlich lassen sich aber über die oben genannte Frage keine allgemein gültigen Aussagen treffen. Seriöse Wissenschaftler betonen, dass es immer auf die näheren Umstände ankommt, ob die Trennung der Eltern bei Kindern eine tiefe seelische Verwundung hervorruft, an deren Folgen sie ihr Leben lang zu tragen haben. Entscheidend können dabei Fragen sein wie:

In welchem sozialen Umfeld ist das Kind aufgewachsen? Wie hat sich die Trennung der Eltern abgespielt? Wie haben die finanziellen Verhältnisse und die berufliche Situation der Eltern ausgesehen?

Je weniger behütet das Kind aufwächst, je aggressiver

die Eltern die Trennung vollzogen haben, je mehr die Familie von Armut und sozialem Abstieg bedroht ist, umso massiver können die seelischen Auswirkungen sein.

Vor allem betonen Psychologen immer wieder, dass es nicht die Scheidung selbst ist, die darüber entscheidet, ob Kinder gesund und in ihrer Persönlichkeit gefestigt bleiben, sondern dass es vielmehr von Bedeutung ist, wie die Eltern mit der Trennung umgehen.

Wenn sie sich für ihre Kinder ausreichend Zeit nehmen, viele Gespräche mit ihnen führen, ihnen Unterstützung geben, sich friedlich vom Partner lösen, den Kontakt zum jeweils anderen Elternteil ermöglichen, mit den Kindern in Beziehung bleiben und diese nicht als Partnerersatz missbrauchen, werden die Kinder das Geschehen besser verarbeiten und verkraften.

Je mehr diese Voraussetzungen also auch bei dir gegeben sind, umso leichter wird es dir gelingen, langfristig wieder seelische Ausgeglichenheit zu erreichen. Solltest du zu den Kindern gehören, die in einer weniger rücksichtsvollen Umgebung aufgewachsen sind, hier ein kleiner Trost: Psychologen sagen auch, dass Scheidungskinder ihr Leben besser im Griff haben als solche, die jahrelang Zeugen und Opfer einer kaputten Ehe waren.

Wenn du ein Scheidungskind bist, muss deine Zukunft deswegen noch lange nicht grau sein. Wichtig ist für dich jetzt vor allem, dass du jemanden findest, mit dem du über deine Probleme sprechen kannst. Am besten eine Person, die speziell für die Beratung von Menschen in seelischen Notlagen ausgebildet ist. Im Anhang dieses Buches findest du Adressen von Einrichtungen, an die du dich wenden kannst (siehe S. 107).

Möglicherweise sprichst du nicht gerne über deine

Situation, etwa weil du dich insgeheim dafür schämst, dass sich deine Eltern getrennt haben. Vielleicht hat dir auch jemand erzählt, dass es nicht cool ist, zu einem Psychologen zu gehen. Das ist wirklich absoluter Blödsinn! Niemand muss sich dafür genieren, bei seelischem Schmerz fachliche Hilfe in Anspruch zu nehmen. Du würdest ja zum Beispiel auch nicht auf die Idee kommen, dich selbst zu operieren, wenn dein Blinddarm rausgenommen werden muss. Zumindest wäre das nicht sehr klug von dir.

Gerade weil zu wenig offen auf die Probleme von Scheidungskindern eingegangen wird, fühlst du dich wahrscheinlich allein. Aber das bist du nicht. Hab den Mut, darüber zu reden! Scheidungen sind heutzutage nichts Außergewöhnliches mehr, über das man nicht sprechen sollte, und **dein Kummer wird sich leichter anfühlen, wenn du ihn mit jemandem teilen kannst.**

WERDE ICH TROTZDEM EINMAL DIE GROSSE LIEBE UND DEN MUT FINDEN, SELBST ZU HEIRATEN?

Es ist völlig normal, wenn du dir in diesem Augenblick überhaupt nicht vorstellen kannst, irgendwann einmal mit einem anderen Menschen zusammen zu sein, den du aufrichtig und innig liebst, ganz zu schweigen davon, eine Bindung auf Lebenszeit eingehen zu wollen. Aber wahrscheinlich denkst du in nicht allzu ferner Zeit, wenn dir ein tolles Mädchen oder ein süßer Junge über den Weg läuft, schon wieder anders darüber.

Tatsache ist, dass die meisten Scheidungskinder im

späteren Leben ebenso Beziehungen oder Ehen eingehen wie Kinder aus dauerhaften Bindungen. Und genauso können diese halten oder auch nicht. Es mag vorkommen, dass in Zeiten, wo es nicht so gut miteinander läuft, du dir deines alten Leidens wieder stärker bewusst wirst und häufiger daran denkst, aber es muss nicht sein, dass sich das Schicksal deiner Eltern bei dir wiederholt. Es hängt viel davon ab, wie du seither gelernt hast, mit Menschen und Konflikten umzugehen: offen und kompromissbereit oder argwöhnisch und unnachgiebig.

Rede dir also nicht jetzt schon ein, dass sowieso alles nur schief gehen kann. Sonst löst du möglicherweise noch eine so genannte »self-fulfilling prophecy« (sich selbst erfüllende Prophezeiung) aus. Das bedeutet: Wenn du dir etwas Schlechtes immer wieder vorsagst, verhältst du dich unbewusst auch so, dass es schließlich tatsächlich eintritt.

Mach jetzt daher nicht den Fehler, dich gegen alles, was mit Liebe und Heiraten zu tun hat, zu sperren und den anderen vielleicht auch noch die Stimmung zu verderben und ihnen vorzupredigen, dass sie in ihr Unglück rennen. Du machst dich damit nur selbst fertig.

Vielleicht ist dein Fall aber auch so gelagert: Du hast zwar kein Problem mit dem Verlieben, verspürst jedoch schnell eine seltsame innere Leere in deinen Beziehungen und wechselst darum häufig die Freundinnen oder Freunde? Das hat möglicherweise damit zu tun, dass du dir aus Angst einen inneren Schutzpanzer zugelegt hast. Denk mal darüber nach, ob du befürchtest wieder verletzt zu werden, wenn du dich zu tief auf jemanden einlässt. Selbsterkenntnis ist bekanntlich immer der erste Schritt zur Besserung. Hier kann es helfen, die Dinge offen auszusprechen, um klarer zu sehen und Missverständnisse auszuräumen. Wirf also nicht gleich die Flinte ins Korn, wenn es in Sachen Liebe nicht so läuft, wie es sein sollte. Du musst lernen ganz neu zu vertrauen und das braucht einfach seine Zeit – und Geduld von beiden Seiten.

WELCHE ERFAHRUNGEN HABE ICH AUS DER TRENNUNG GEWONNEN?

Wenn nach der Trennung deiner Eltern einige Zeit verstrichen ist, etwa ein Jahr oder mehr, und wieder Stabilität in dein Leben eingekehrt ist, kannst du dich einmal hinsetzen und eine kleine Bilanz ziehen.

Nimm dir einen Zettel zur Hand und schreib auf, was sich alles seither in deinem Leben geändert hat. Dabei ist es wichtig, dass du an die guten Seiten ebenso denkst wie an die weniger schönen. Die entdeckt man vielleicht nicht immer gleich, aber es gibt sie.

Um dich zum Nachdenken darüber anzuregen, hier ein paar Beispiele, was andere Kinder, deren Eltern sich getrennt haben, auf die Frage nach den Vorteilen dieser Entscheidung geantwortet haben:

»Gut finde ich, dass ich jetzt einmal pro Familie, also zweimal, Geburtstag feiern kann.« (Lukas, 12)

»Meine Eltern verstehen sich viel besser miteinander, seit sie nicht mehr unter einem Dach wohnen.« (Alex, 13)

»Meine Mutter lacht wieder öfter und ich bin durch das Mitarbeiten im Haushalt selbstständiger geworden.« (Anna, 14)

»Wenn ich meinen Vater jetzt besuche, reden und unternehmen wir viel mehr miteinander als früher, als wir noch alle zusammengelebt haben.« (Sibylle, 14)

»Ich spüre heute viel rascher als andere, wenn Streit in der Luft liegt. Oft kann ich Konflikte im Keim ersticken, weil ich die anderen direkt auf ihre Probleme anspreche und sie nach ihren Lösungsvorschlägen frage. Meist lässt sich dann zumindest ein Kompromiss finden.« (Julia, 16)

»Ich kann mit dem neuen Freund von meiner Mutter coole Jam-Sessions im Keller abhalten.« (Richard, 17)

»Ich sehe vieles realistischer als meine Altersgenossinnen. Denen ist oft nicht klar, dass in der Liebe nicht immer alles nur rosarot sein kann und man Geduld im Umgang miteinander üben muss.« (Miriam, 18)

Was auch immer dir noch dazu einfällt, eines steht auf jeden Fall fest: Du hast trotz vieler Widrigkeiten eine schwierige Lebensphase bewältigt. Du hast entdeckt, dass in dir mehr Kraft steckt als du vorher vermutet hättest. Und diese Erfahrung kann dir keiner mehr nehmen.

WO DU HILFE BEKOMMST

Informationen im Internet

http://www.familienhandbuch.de
http://www.vaeter-aktuell.de (mit zahlreichen Links)
http://www.familienrecht-ratgeber.de
http://www.isuv.de
http://www.scheidungskinder.de

DEUTSCHLAND

Allgemein

Telefonseelsorge (bundesweit kostenfrei)
☎ (0800) 111 0 111 (evangelisch)
☎ (0800) 111 0 222 (katholisch)
Internet: http://www.telefonseelsorge.de (auch mit Chat und Mail-Beratung)

Verein für Internationale Jugendarbeit e.V.
Goetheallee 10
D – 53225 Bonn
☎ (0228) 69 89 52
Internet: http://www.vij-deutschland.de

VAK Bundesverband
Pappelallee 44
D – 14469 Potsdam
☎ (0331) 740 07 21
E-Mail: kontakt@v-a-k.de
Internet: http://www.v-a-k.de

Bundesarbeitsgemeinschaft der Kinderschutz-Zentren
Bundesgeschäftsstelle Köln
Bonner Straße 147
D – 50968 Köln
☎ (0221) 56 97 53
Internet: http://www.kinderschutz-zentren.org
(Kinderschutz-Zentren gibt es in vielen Städten!)

Deutscher Kinderschutzbund
BAG Kinder- und Jugendtelefon e.V.
Kleiner Werth 34
D – 42275 Wuppertal
☎ (0202) 25 90 59-0
☎ (0800) 111 0 333 (Montag–Freitag 15–19 Uhr)
E-Mail: info@kinderundjugendtelefon.de
Internet: http://www.kinderundjugendtelefon.de

Deutscher Kinderschutzbund Bundesverband e.V.
Bundesgeschäftsstelle
Hinüberstraße 8
D – 30175 Hannover
☎ (0511) 30 485-0
E-Mail: info@dksb.de
Internet: http://www.dksb.de

Emotions Anonymous
(EA-Kontaktstelle Deutschland und Österreich)
Katzbachstraße 33
D – 10965 Berlin
☎ (030) 786 79 84
E-Mail: Info@EmotionsAnonymous.de
Internet: http://www.emotionsanonymous.de

Deutscher Caritasverband e.V.
Karlstraße 40
D – 79104 Freiburg im Breisgau
☎ (0761) 200-418
http://www.caritas.de bzw.
http://www.beratung-caritasnet.de

Bundeskonferenz für Erziehungsberatung –
Der Fachverband für Erziehungs-, Familien- und Jugendberatung
(Mit ausführlichem Verzeichnis weiterer Beratungsstellen)
Herrnstraße 53
D – 90763 Fürth
☎ (0911) 977 14-0
E-Mail: bke.@bke.de
Internet: http://www.bke.de

Berlin

Jugendnotdienst
Mindener Straße 14
D – 10589 Berlin-Charlottenburg
☎ (030) 34 999 34
Weitere Jugendnotdienste siehe auch:
Internet: http://www.senbjs.berlin.de
(Senatsverwaltung für Bildung, Jugend und Sport)

Kinderschutzzentrum Berlin
Familienberatungsstelle
☎ (0800) 111 0 444 (innerhalb Berlins kostenfrei)
☎ (030) 683 91 10 (von außerhalb)
Internet: http://www.kinderschutz-zentrum-berlin.de

Berliner Krisendienst
☎ (030) 390 63 10 (Berlin Mitte)
Internet: http://www.berliner-krisendienst.de

Frankfurt am Main

Kommunale Kinder-, Jugend- und Familienhilfe
Frankfurt am Main (6 Standorte)
Als Beispiel: Kinder-, Jugend-, Elternberatung
Borsigallee 43
D – 60388 Frankfurt am Main
☎ (069) 212-347 58
Internet: http://www.erziehungsberatung-frankfurt.de

Eltern- und Jugendberatung Stadtmitte (Caritas)
Mainkai 40
D – 60321 Frankfurt
☎ (069) 91 33 16 61
E-Mail: EB.stadtmitte@caritas-frankfurt.de

Evangelisches Zentrum für Beratung und Therapie
Haus am Weißen Stein
Eschersheimer Landstraße 567
D – 60431 Frankfurt
☎ (069) 530 22 20
E-Mail: familienberatung@erv-frankfurt.de

Hamburg

Kindertrennungstelefon
☎ (040) 250 20 25 (Di 11-12, 17-18 Uhr, Do 11-13 Uhr)

Kinder- und Jugendnotdienst (KJND)
Feuerbergstraße 43
D – 22337 Hamburg
☎ (040) 428 49-0
E-Mail: KJND-Online@leb.hamburg.de

Anwaltlicher Notdienst Hamburg
☎ (0171) 610 59 49

Öffentliche Rechtsauskunft- und Vergleichsstelle
Holstenwall 6
D – 20355 Hamburg
☎ (040) 428 43-3071/-3072
Internet: http://www.oera.hamburg.de

Köln

Beratungsstelle für Eltern, Jugendliche und Kinder
Rathausstraße 8 (Einrichtung der Caritas)
D – 51143 Köln-Porz
☎ (02203) 5 50 01

Städtische Familienberatungsstelle
Sieversstraße 37–41 (Zentrale)
D – 51103 Köln-Kalk
☎ (0221) 560 510

Leipzig

Telefon des Vertrauens Leipzig
☎ (0341) 477 88 77
☎ (0800) 111 01 11 (gebührenfrei)

Kinder-, Jugend- und Elternberatungsstelle
Breisgaustraße 53
D – 04209 Leipzig
☎ (0341) 415 29 80
Fax: (0341) 415 29 838
E-Mail: beratungsstellegruenau@gmx.de

Kinder- und Jugendnotdienst Leipzig
Ringstraße 4
D – 04209 Leipzig
☎ (0341) 411 21 30

Kinderschutz-Zentrum Leipzig
Brandvorwerkstraße 80
D – 04275 Leipzig
☎ (0341) 960 28 37
E-Mail: info@kinderschutz-leipzig.de
Internet: www.kinderschutz-leipzig.de

München

Bayerisches Landesjugendamt (BLJA)
(Mit ausführlichem Verzeichnis weiterer Beratungsstellen)
Richelstraße 11
D – 80634 München
☎ (089) 13 06 20-0 (Vermittlung)
Internet: http://www.blja.bayern.de

Stadtjugendamt / Angebote Jugendhilfe
Orleansplatz 11
D – 81667 München
☎ (089) 233 237 62

Kinderschutz-Zentrum München
Pettenkoferstraße 10a
D – 80336 München
☎ (089) 55 53 56
E-Mail: kinderschutzzentrum@link-m.de

Jugendnotdienst
Jugendhilfeverbund Just M
Scapinellistraße 15a
D – 81241 München
☎ (089) 82 99 03 14

ÖSTERREICH

Allgemein

Kinder- und Jugendanwaltschaft Österreichs
Internet: http://www.kija.at

Sorgentelefon
☎ 0800 201 440 (gebührenfrei)
Internet: http://www.sorgentelefon.at
E-Mail: beratung@sorgentelefon.at

SIGIS (Fonds »Gesundes Österreich«)
Service und Informationsstelle für Gesundheitsinitiativen und Selbsthilfegruppen
Mariahilfer Straße 176/8
A – 1150 Wien
Internet: http://www.fgoe.org

Emotions Anonymous (s. Deutschland allgemein)

Familienservice des Bundesministeriums
für soziale Sicherheit, Generationen und
Konsumentenschutz
(Überbrückungshilfe in akuten Notsituationen)
Franz-Josefs-Kai 51
A – 1010 Wien
☎ 0800 24 02 62 (gebührenfrei)

Österreichischer Kinderschutzbund
Obere Augartenstraße 26–28
A – 1020 Wien
☎ (01) 332 50 01

Graz

RAINBOWS – Bundesverein
»Für Kinder in stürmischen Zeiten«
Theodor-Körner-Straße 182/1
A – 8010 Graz
☎ (0316) 68 86 70
Internet: http://www.rainbows.at

Amt für Jugend und Familie
Dornschneidergasse 41
A – 8020 Graz
☎ (0316) 27 32 77

Familien- und Partnerberatung – Mediation
Beratungsstelle für Familien in Krisen
Kaiserfeldgasse 17 (Parterre)
A – 8011 Graz
☎ (0316) 872-4650 oder -51

Innsbruck

Kinder- und Jugendanwaltschaft Tirol
Sillgasse 8
A – 6020 Innsbruck
☎ (0512) 508-37 92

Familien- und Jugendberatung
im Jugendzentrum Z6
Dreiheiligenstraße 9
A – 6020 Innsbruck
☎ (0512) 58 08 08 oder 56 27 15
E-Mail: familienberatungz6@chello.at
Internet: http://www.z6online.com

KIZ – Hilfe für Kinder und Jugendliche in Not
Pradler Straße 75
A – 6020 Innsbruck
☎ (0512) 58 00 59
E-Mail: info@kiz-tirol.at
Internet: http://www.kiz-tirol.at

Zentrum für Ehe- und Familienfragen
Anichstraße 24
A – 6020 Innsbruck
☎ (0512) 58 08 71
E-Mail: zentrum.beratung@aon.at

Salzburg

Krisentelefon
☎ (0662) 45 32 66 (für Jugendliche ab 13)

Besuchstreff für Scheidungswaisen
Treffpunkt für Scheidungswaisen mit Müttern und Vätern
Pressezentrum Salzburg
Karolingerstraße 40
A – 5020 Salzburg
☎ (0664) 254 41 77 oder
☎ (0664) 432 16 17 (Voranmeldung erforderlich)

Jugendberatungsstelle
Linzergasse 72
A – 5020 Salzburg
☎ (0662) 87 33 73
E-Mail: bivak.mobil-liga@salzburg.co.at

kids-line
☎ 0800 234 123 (gebührenfrei)

Wien

Wiener Kinder- und Jugendanwaltschaft
Alserbachstraße 18
A – 1090 Wien
☎ (01) 17 08
E-Mail: post@kja.magwien.gv.at
Internet: http://www.wien.gv.at/kja

Wiener Kinder- und Jugendhotline
Rüdengasse 11
A – 1030 Wien
☎ (01) 319 66 66
E-Mail: Kindertelefon@m11.magwien.gv.at

SCHWEIZ

Allgemein

Sorgentelefon (gebührenfrei)
Neuhofstr. 15
CH – 3426 Aefligen
☎ 0800 55 42 10
E-Mail: sorgentelefon@bluewin.ch
Internet: http://www.sorgentelefon.ch

Die Dargebotene Hand
☎ 143
Internet: http://www.dargebotene-hand.ch

Telefonhilfe für Kinder und Jugendliche
☎ 147
Internet: http://www.147.ch

Basel

BFA Jugendberatung
Theodorskirchplatz 7
CH – 4058 Basel
☎ (061) 683 08 80
E-Mail: jugendberatung@bfa-bs.ch

Familien- und Erziehungsberatung
Greifengasse 23
CH – 4058 Basel
☎ (061) 686 68 68
Internet: http://www.familienberatungbasel.ch

Schulpsychologischer Dienst Basel-Stadt
Austrasse 67
CH – 4051 Basel
Telefon: (061) 267 69 00
Internet: http://www.spd-basel.ch

Bern

Kinder- und Jugendpsychiatrischer Dienst
der Stadt Bern (KJPD)
Effingerstrasse 12
CH – 3011 Bern
☎ (031) 633 41 41
E-Mail: kjpd.bern@gef.be.ch
(siehe auch: http://www.pepinfo.ch/Anlaufstellen)

Jugendamt der Stadt Bern
Sekretariat
Predigergasse 5
Postfach 425
CH – 3000 Bern 7
☎ (031) 321 63 83
E-Mail: jugendamt@bern.ch

Zürich

Trialog – Verein Kinder in Scheidung
Postfach 307
CH – 8044 Zürich
☎ (078) 755 58 58
E-Mail: mail@scheidungskinder.ch
Internet: http://www.scheidungskinder.ch

Jugendberatungsstelle der Stadt Zürich
Röntgenstrasse 44
CH – 8005 Zürich
☎ (01) 444 50 50
Internet: http://www.jugendberatung-zuerich.ch

Besuchstreff
Begleitete Besuchssonntage für getrennt lebende Eltern und deren Kinder
Sozialzentrum Hönggerstrasse
CH – 8037 Zürich
☎ (043) 444 63 73

Verein Kinder in Scheidung
Postfach 307
CH – 8044 Zürich
☎ (078) 755 58 58
E-Mail: mail@scheidungskinder.ch
Internet: http://www.scheidungskinder.ch

Bei den angegebenen Beratungsstellen handelt es sich nur um einige ausgewählte Institutionen. Adressen und Telefonnummern entsprechen dem aktuellen Stand zur Zeit der Drucklegung. Besonders Internetadressen, die einem schnellen Wandel unterliegen, können sich inzwischen geändert haben. Für die Inhalte der Websites kann der Verlag keinerlei Verantwortung übernehmen.